アパートローンのリスク管理

不動産鑑定士
小野兵太郎

小沢・秋山法律事務所 弁護士
香月裕爾

(株)三友システムアプレイザル 取締役 専務執行役員 不動産鑑定士
野口咲也

［編著］

一般社団法人 **金融財政事情研究会**

はしがき

　平成28年10月14日、畏友小野兵太郎先生が急逝されました。あまりに突然の訃報に言葉も出なかったというのが本音です。半年以上経た現在も故人から電話がありそうな気がしています。

　平成28年の春先だったと記憶していますが、主に地方銀行が熱心に取り組んでいるアパートローンの問題点を取り上げた書籍をつくるので、賃貸借契約に係る法的な問題点について執筆してもらえないかとの依頼を故人から受けました。

　弊職でお役に立てるのであればという思いで執筆を引き受けて、最初の原稿を平成28年9月28日、故人へ送ったところ、すぐにお礼の電話をいただき、来月になったら食事でもご一緒しましょうと話していました。もちろんその時点では、半月後に急逝されるとは思いもよりませんでした。

　ご葬儀にてご一緒した金融財政事情研究会の伊藤雄介様（現在、株式会社きんざい所属）に、ぜひご遺作となられた本書を出版したいとお話させていただき、私が故人をご紹介し、故人と意気投合されて生前懇意にされていた元全国地方銀行協会集合研修部長（現株式会社M＆Aセンター）の田中裕様を通して、株式会社三友システムアプレイザル様をご紹介いただき、そのご縁で同社の野口咲也様に故人の原稿に加筆・校閲いただくことができまして、本書を無事に出版して故人の墓前に捧げることができます。田中様と野口様には故人とともに心から御礼申し上げます。

　本書の内容などにつきましては、故人の「はじめに」に記載されたとおりです。弊職は、住宅品確法、サブリースに関する判例解説、そして賃貸借契約の法的留意点を執筆対象としています。また、平成29年3月30日に確定した金融庁所定の「顧客本位の業務運営に関する原則」とアパートローンの問題点について加筆しております。

　本書が金融機関の役職員の皆様やアパート経営等に係る多くの方々に読ま

れて、些かでも実務のお役に立つならば望外の喜びでございます。
　最後になりましたが、本書を出版するために奔走していただいた株式会社きんざい出版部の田島正一郎様と伊藤雄介様に心から御礼を申し上げますとともに、故人とその母上様に本書を捧げたいと思います。

合掌

平成29年5月

弁護士　**香月　裕爾**

はじめに

　近年金融機関の貸出先に占めるアパートローン残高、貸出資産に対する比率は増加傾向にあります。この背景には、住宅ローンに比べると不動産業に対する事業性融資であることから、比較的高めの金利が獲得できること、また平成27年1月から相続税の免税点の引下げがあり、地主の相続税対策としてアパート等の建設が増加していることがあります。また、昨今の不動産価格上昇、日銀による低金利政策も後押ししてアパート事業への投資も増加しており、近年では自己資金をほとんど用意せずにアパート事業経営ができる金融環境にあるため、投資用不動産も増加しています。

　金融機関としては事業会社への融資がメインであった時代から、資金需要の変化もあり、次第に個人向けの融資の獲得に潮目が変わってきていること、また地主などの富裕層向けにさまざまな商品提供を行うことで高い収益を獲得したいといった側面もあり、アパートローンは花盛りといった印象があります。建物を供給する側のハウスメーカーも相続を前提としたパッケージ商品やアドバイザリーのバックアップを行い、非常に強い戦略を立てて営業活動を行っています。一方で、管理的側面では物件ごとの個別審査・モニタリング（中間管理）を確実に行うことが求められていることはいうまでもありません。特にストレステストをどのようなかたちで行っていくべきかが、金融機関にとって大きな課題になるものと考えられます。収入面でのストレスに加え、LTV算定における投資利回りのストレスなどさまざまな側面での検討が必要かと考えます。

　加えて今後は、個別審査・モニタリングのみならず、与信対象物件に関して地域別、物件特性別にポートフォリオの構成比率を把握したうえでのリスク管理も求められており、地域や物件特性の類型化やデータ整備を行っていく必要がある金融機関が多いのも実態かと考えます。特に2030年頃には、いま建てられているアパートが大規模修繕時期に入るとともに、人口・世帯数

の構造がより大きく変動することから、この時点に向けた対応も図る必要があります。

　アパート事業は、都市や地域への新規流入者に良好な住居を提供するという意味で、非常に重要な側面があり、魅力のあるアパートが多いことは周辺地域からの流入者を増加させるといった効果もあるものと考えられます。一方で、通常考えられる需要量を大幅に超過したアパートの供給は、将来的、あるいはすでに現時点においても空室の発生・増加という結果を招いてしまい、借入金を使ってアパート事業を行っている事業者にとってみると、当初の見込みより収入が少なくなることが想定されます。入居率が非常に低くなると、不動産としての維持管理費用をまかないきれなくなることにつながりますし、金融機関からみると、借入金の返済そのものができなくなり債務不履行につながりかねません。個人富裕層にとってアパート事業建設を使途として借入金をつくることは有効な相続税対策になるのかもしれませんが、相続人にとってよい資産を残すことが本来の目的であり、その実現のためにお客様に適切なアドバイスを行うことが金融機関の役割の1つといえるでしょう。

　見方を変えると、アパートローンが増加しているほかの要因として、アパート等を建設する「ハウスメーカー」などによる強力な営業活動があるともいわれています。多人数の営業マンを配置し、遊休地があれば地主にアパート事業建設を強く促した結果、必要資金としてのローンが増加したという側面も否定できません。

　ハウスメーカーの多くは、もちろんアパートの建設にあたって一定のマーケティングを行ったうえで、地主に事業提案を行っているものと考えられます。ただ、アパート事業の期間は長く、その間に環境の変化が起きてしまうことも考えられ、将来予測の踏込みがどこまでなされているかはよく吟味する必要があります。当初予測していた収益が生み出されないこととなると、残債がある場合、厳しい立場に立たされるのは債務者と金融機関です。

　特に、ハウスメーカーの立ち位置からみると、獲得利益の大半がアパート

の建設時に実現する側面もあり、アパート事業そのものがむずかしいエリアでも、地主にアパートの建築を促す事例も散見されます。近年のハウスメーカーは、関係会社に賃貸あっせん業者を擁しており、入居者を集める営業力も強いという点では高い競争力をもっているともいえますが、もともと借り手需要が非常に小さい地域では、アパートを建設しても最初から見込みの賃料が獲得できず、オーナーがデフォルトに陥る可能性がより高くなると考えられます。このような事態は絶対に避けなければいけません。なお、国土交通省では一括賃貸形態方式（いわゆる「サブリース方式」）の契約について規制を強化する方針を示すなど、需要と乖離したアパート事業建設に対する牽制の動きもみられています。

　ハウスメーカーは、関連会社等によるサブリース方式を全面に出して、収益性の安定性をうたうところが多いですが、「サブリース方式を採用していること＝債務者の債務不履行が確実に回避される」といったことは、法的にみても経済的にみても考えられません。やはりこの点はアパート事業の「収益性」「将来性」「継続性」といった側面をしっかり判断することが求められます。

　ところで、融資の安全性を判断する指標にはDSCR（Debt Service Coverage Ratio）やLTV（Loan to Value）といったものがあります。昨今の融資実状をみると、DSCRが1.0を下回るものや、LTVが100％を超えるものも存在します。DSCRについては物件以外の多面的な側面（たとえば債務者のほかの収入状況など）から返済可能性を吟味する方法も考えられますが、この点について最近では金融行政も注意喚起を行っているようです。すなわち、不動産収入のみで返せないローンの場合、不足部分の支払余力が確実にあるものかを注視しています。

　また、LTVが100％を超える融資は、不動産事業ローンといった観点からみると、大きな違和感をもちます。本来、収益用不動産の融資を行うにあたって、当初からその価値を超える融資を行うことは、論理的には無担保部分が存在するという非常に不確定な状況にあるといっているようなもので

す。ただ、よくみるとLTVの算定方法そのものが実状にあっているか、たとえば土地価格を路線価のみでとらえる、低金利時代に依然として高い投資利回りで収益価格を求めるといった方法では正確性に欠けるため、より市場価値を研究したかたちでの融資・審査姿勢が今後問われる可能性があります。

　本書は、近年急増したアパートローンについて、その管理上の留意点をまとめたものです。最近では金融行政当局も貸出金におけるアパート事業ローンの比率が高い金融機関に対し、経営上の警鐘を鳴らすなど、資産査定面で注意喚起を発信するようになっています。アパートローンの特性、2030年頃を想定した賃貸ニーズとローン対象物件の関係性、建設時における留意点、サブリース方式の注意点、大規模修繕の必要性と資金確保の重要性、貸出後のモニタリング、担保評価についてそれぞれ解説しています。

　また、サブリース方式や入居者管理等の法的側面につきましては、弁護士の香月裕爾先生に執筆のご協力をいただき、過去からのサブリース問題などの整理も行いました。今後のリスク管理に生かしていただければと思います。

　平成28年9月

著者を代表して　小野　兵太郎

【著者略歴】

小野　兵太郎（おの　ひょうたろう）

昭和43年生まれ。福岡県福岡市出身。
不動産鑑定士。
福岡県立福岡高等学校、早稲田大学法学部卒。
日本債券信用銀行（現あおぞら銀行）入行後、審査部鑑定室、債権流動化室において鑑定評価業務、担保評価業務に従事、平成11年に同行退職。
著書：『融資担当者が知っておきたい　不動産の基礎知識と評価手法』（金融財政事情研究会）、『不動産の時価評価』（共著・東洋経済新報社）、『事例でわかる不動産評価』（共著・日本経済新聞社）

香月　裕爾（かつき　ゆうじ）

小沢・秋山法律事務所・弁護士。
昭和62年司法試験合格、平成2年弁護士登録。
主要著書として、『新訂 貸出管理回収手続双書・貸出管理』共著、『銀行窓口の法務対策4500講』共著（以上、金融財政事情研究会）、『わかりやすい 金融商品販売・勧誘ルールブック』（商事法務）

野口　咲也（のぐち　さくや）

不動産鑑定士。早稲田大学政治経済学部卒。
昭和52年日本不動産銀行（日本債券信用銀行を経て現あおぞら銀行）入行、公共法人部長、信用リスク管理部鑑定部長等を経て、平成19年退社。
平成19年株式会社三友システムアプレイザル取締役専務執行役員。
平成21年株式会社九段経済研究所代表取締役（株式会社三友システムアプレイザル取締役兼務）。
平成25年株式会社三友システムアプレイザル取締役専務執行役員（株式会社九段経済研究所取締役兼務）。
平成18年12月国土審議会専門委員（国土交通大臣任命、退任）。
平成22年4月生命保険契約者保護機構評価審査会委員（金融庁長官・財務大臣任命、在任）。

目　次

第1章　アパートローンの特性と留意点

1　借入動機とオーナーの特性 …………………………………………… 4
　(1)　アパートローンの借入動機 ……………………………………… 4
　(2)　オーナーの特性（オペレーション経験）……………………… 9
2　アパート事業を取り巻く人口・経済的環境からみた留意点 ………… 11
　(1)　人口・世帯数の動向と今後のアパート事業への影響 ………… 11
　(2)　空室率の動向をとらえる ………………………………………… 14
　(3)　経済環境等からみた留意点 ……………………………………… 15
3　アパート事業の特性と計画から融資償還までの留意点 …………… 19
　(1)　アパート事業の特性とマーケティング・プランニング時の留意点 ………………………………………………………………… 20
　(2)　ハウスメーカーを通じた一貫したアパート運営の場合 ……… 23
　(3)　長期ローンであることによるモニタリング・担保見直しの重要性 ………………………………………………………………… 25
　(4)　賃料収入以外の所得などからの補てんを前提とした場合の注意点 ………………………………………………………………… 26
　(5)　避けては通れない大規模修繕工事の実施とキャッシュリザーブ …… 26
　(6)　予測分析の重要性 ………………………………………………… 28
　(7)　ポートフォリオ分析によるアパートローンのリスク管理 …… 28
　(8)　賃料減額などによる入居率向上策の提案 ……………………… 29
　(9)　都市、地域別アパート需要に関する予測の強化と街づくりとの協調 ………………………………………………………………… 30
4　金融行政が指摘するアパートローンの留意点 ……………………… 31
　(1)　金融庁の金融検査結果事例集から ……………………………… 31

(2)　農協検査（3者要請検査）結果事例集から ………………………… 32
　(3)　日本銀行レポートから ……………………………………………… 34
　(4)　直近の動向もふまえたまとめ ……………………………………… 36
5　顧客本位の業務運営に関する原則とアパートローン問題 …………… 38
　(1)　「顧客本位の業務運営に関する原則」制定の経緯および背景 …… 38
　(2)　「顧客本位の業務運営に関する原則」の内容等 …………………… 39
　(3)　「顧客本位の業務運営に関する原則」とアパートローン問題 …… 40

第2章　アパートの取得とその後の物件・資金管理

1　アパート取得時における留意点 …………………………………………… 44
　(1)　建設時における留意点 ………………………………………………… 44
　(2)　既存物件購入の場合の留意点 ………………………………………… 49
　(3)　建物についての法的留意点──主に瑕疵担保責任（住宅品質確保法） …………………………………………………………………………… 64
2　いわゆる「サブリース方式」の実状と留意点 ………………………… 68
　(1)　いわゆる「サブリース方式」とは …………………………………… 68
　(2)　「サブリース方式」の利点（手間からの解放と収入の「保証」） …… 69
　(3)　「サブリース方式」における留意点 ………………………………… 70
　(4)　一括賃貸の契約書の熟読の重要性 …………………………………… 71
　(5)　特に留意したい事項 …………………………………………………… 72
　(6)　一括賃料の設定水準、その他留意点 ………………………………… 75
　(7)　一括賃貸契約をみるうえでの留意事項まとめ ……………………… 79
　(8)　確認しておきたい賃料減額請求権（借地借家法32条）との関係 …… 79
3　収支シミュレーションの作成・妥当性の検証 ………………………… 87
　(1)　必要資料 ………………………………………………………………… 87
　(2)　標準的な数値との検証ができる仕組みづくり ……………………… 90
　(3)　初年度のシミュレーションの作成 …………………………………… 96

⑷　融資期間にわたるシミュレーションの作成 …………………… 100
4　収入や支出面での推移に関する留意点 …………………………… 102
　⑴　収入面における経年変動要因 ………………………………… 102
　⑵　収入面における数値を動かすための具体的手法 …………… 102
　⑶　支出面での経年変動要因 ……………………………………… 102
5　大規模修繕、リニューアルの重要性と必要資金の確保 ………… 106
　⑴　大規模修繕の具体的な内容 …………………………………… 106
　⑵　大規模修繕工事の費用を見積もるための「長期修繕計画」の作成 …………………………………………………………………… 108
　⑶　リニューアル工事 ……………………………………………… 108
6　物件管理・入居者管理におけるポイント ………………………… 110
　⑴　物件管理とアパートの価値 …………………………………… 110
　⑵　賃借人との間の法的留意点 …………………………………… 111

第3章　アパートの担保評価における留意点

1　担保評価の必要性と留意点 ………………………………………… 130
2　貸出実行時と期中管理、それぞれの担保評価 …………………… 132
3　不動産の評価手法と実際に行われている担保評価 ……………… 134
　⑴　不動産の評価手法概説 ………………………………………… 134
　⑵　原価法による積算価格の査定 ………………………………… 134
　⑶　収益還元法による収益価格の査定 …………………………… 137
4　金融機関における担保評価の現状 ………………………………… 142
　⑴　担保評価の実施と現状での方法 ……………………………… 142
　⑵　収益還元法の併用の重要性と注意点 ………………………… 145
　⑶　金融機関で行う担保評価 ……………………………………… 146
　⑷　積算・収益それぞれの価格の調整 …………………………… 146
　⑸　担保掛け目 ……………………………………………………… 147

5　貸出時（入口）における担保評価の留意点	149
⑴　担保適格性の確認	149
⑵　担保評価にあたって用意するもの	151
⑶　担保不動産の価値（担保価値）の査定	155
6　モニタリングにあわせて行われる期中における担保評価	161
⑴　期中における担保評価の意義	161
⑵　実地調査における注意点	162
⑶　期中において担保評価手法を適用するうえでの留意点	162
7　担保評価の例示と取組み方	166

参考資料　アパートローンの担保をみるうえで必要となる知識

1　敷地についての注意事項	181
⑴　境界確定の重要性	181
⑵　土地利用を取り巻く規制（公法上の規制）の基礎知識	181
⑶　土地についての環境面、自然災害、埋設物等における注意点	194
2　建物についての注意事項	198
⑴　建築の合法性の確認	198
⑵　建物の耐震性能	199
⑶　建物の環境性能	199

第1章

アパートローンの
特性と留意点

アパートローンの顧客は基本的には個人のお客様である。顧客属性からみると、個人ローンという位置づけでとらえる側面もあるが、アパートローンの返済原資は、原則として賃貸料収入が基本になる。したがって、事業性ローンという位置づけで認識されるべきものとも考えられる。

　事業性ローンの場合、一般の事業会社に対する融資期間は2年～3年、長くても5年程度のものが圧倒的に多い。最近では無担保でのローンも多いが、不動産担保がついている場合でも期間的にはおおむね同様である。一方でアパートローンは、不動産担保を徴求するのが通常ではあるが、融資期間が短いものでも20年、長期のものでは30年～35年に及ぶものも一般的であり、いわば超長期の事業性ローンであると考えてよい。

　たしかに事業会社向けの貸出金に比べるとロットは小さいケースが多いかもしれないが、個人ローンとして考えた場合には大きな金額であり、最近では個人に対して低利に貸出を行っているケースも散見される。融資期間が長期に及ぶという意味では、入口での審査をしっかりすることも重要であるが、ローン期間中における定期的な見直し（モニタリング）も非常に重要になるものと考えられる。

　地域金融機関では、担保力に依存せず「事業性評価」を行って融資を行うことが近年要請されている。これは企業の成長性・地域における貢献度をよく吟味し、事業採算性などをふまえたうえで、地域金融機関に資金供給の役割を求めるものと考えられる。一方で、アパートローンの場合はどうであろうか。不動産ローンであるがゆえに担保力を見極めることは当然であるが、やはり長期間にわたる賃貸事業に対するローンであり、しっかりとした「事業性分析」を行うことを怠ってはならない（図表1-1参照）。

　もっとも、事業会社への貸出は基本的には事業拡張のための設備投資向けや、正常運転資金に対するローンが中心となるが、アパートローンの場合、借入動機やオーナーの特性によって、事業会社への貸出とは異なる側面が存在する。まずこの点について整理してみたい。

図表1－1　アパートローンの特性

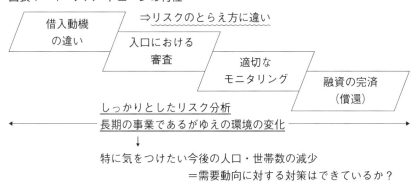

特に気をつけたい今後の人口・世帯数の減少
　　　　＝需要動向に対する対策はできているか？

1 借入動機とオーナーの特性

(1) アパートローンの借入動機

　個人ローンの典型商品としては、住宅ローンがあげられる。これは自己居住住宅の取得という目的で借入れを申し込むのが通常で、「債務者＝居住者」であり、返済原資は債務者の給与所得などが充てられることになる。

　一方で、アパートローンの場合は、大家同居型を除き「債務者＝居住者」とならないことが一般的で、その目的を大きく分けると、「相続税負担の軽減を目的とする人」と「投資を目的とする人」、あるいは「双方を目的としている人」に分けられる。ただ、アパートローンは、もともと地主が土地を有効活用するために借り入れるケースや、さらには借入金を活用した相続財産評価の低減を視野に入れた貸出が多く、どちらかというと富裕層向けのローンといった性格が強いものと考えられてきた。その点では、アパートローンの借入人は、土地に加えて預貯金などもある程度保有していることが多いことを意味する。

　そもそも、不動産を取得・有効活用するあるいは投資を行う目的としては、不動産が生み出す「インカムゲイン」と「キャピタルゲイン」に大別できる（図表1－2参照）。

　一方で、不動産を購入すると、現預金や国債、上場株式に比べ、相続税路線価等の課税の評価額は、時価よりも小さくなる特徴があり、高額の資産家にとっては相続税減額の効果が認められることから不動産を購入するニーズは高い。加えて、保有する現預金による購入ではなく、ローン借入れを行うことで、相続税課税資産の評価額圧縮が可能となることも考えられ、より有利に働く。したがってたくさんの土地を有する地主にとってみると、アパー

図表1-2 不動産投資の目的

不動産取得・活用等の目的（本来的目的）
- キャピタルゲイン
  ＝保有期間中に地価、不動産価格が上昇すること
  かつては大きな上昇が期待できたが、現在は期待が小さくなっている
- インカムゲイン
  ＝不動産を運用することで獲得できる収益

ト建築をローンで行うことで、一般的な不動産投資によって期待される「インカムゲイン」や「キャピタルゲイン」とは別の効果を期待している側面がある。極端な話、アパート事業収支が多少赤字になっても、相続税課税評価額を下げることに主眼がある限り、その目的が達成される面がある。もちろん、アパートを保有する以上、適切な「インカムゲイン」が確実に入ることが重要となるのはいうまでもない。せっかく借入れを行ってアパートを保有する以上は、収益性の確保・向上は大事である。

　特にアパート事業は、建物が存在する限り、初年度から建物メンテナンスのための維持管理費用や固定資産税など多額の費用が発生する。加えて一般の金融財や土地のみと異なり、一定期間が経過すると建物の大規模修繕を行っていく必要がある。事業継続を断念し売却することも可能ではあるが、十分な投資採算性が見込まれるアパート事業を行うことが基本である。ただ、よほどのことがない限り、建設したアパートが全室空室になるケースは少なく、建設当初は相応の収益が入るものと考えられ、収支上赤字になりにくい側面は強いだろう。

　これに対して、最近では、純粋な投資目的でアパートローンを利用する層が増加している。平成25年1月に始まった経済政策であるいわゆる「アベノミクス」による効果として、大規模な金融緩和に伴う「借入金利の低下」と、これに付随して発生した大都市部における不動産価格の上昇は、インカムゲインのみならずキャピタルゲイン獲得も視野に入れた動きができること

から、かつてよりも幅広い層で投資家が増加している状況にある。ただし、購入価格が高い状況でアパートを購入し運用を行うということは、当初に設定される投資利回りも低くなるため、わずかな要因でも赤字になりやすく、またこれを埋めることはとてもむずかしくなるため、注意が必要といえる（図表1－3参照）。

アパート事業への投資家の属性に注目すると、最近では「投資家＝高額所得者」とは限らない面もあり、一時的な不動産市況の悪化で、賃料が下落するなどの事態が起きた場合、支払余力がなくデフォルトの憂き目にあいかねないため、富裕層向けの貸出とは異なり、融資においてより慎重な姿勢が必要であるとも考えられる。

図表1－3　ローンニーズによる目的の違いと注意点

目　的	注意点
富裕層・資産家による相続税対策が主眼	①　資産家、多数の土地をもつ地主にとっては、一定金額の借入れを企図する傾向が強い。 ②　もちろんインカムゲインを獲得する目的はあるが、仮にアパート事業がむずかしい状況になった場合でも、資金余力と担保不動産の売却で、返済自体ができることが多い。 　　<u>すなわちデフォルトの確率は低いものと考えられる。</u> 　　　　　　　　　↓ 　　だからといって<u>採算性を無視できるわけではない。</u>
投資が主眼	①　どのくらいのインカムゲイン、加えてキャピタルゲインの獲得ができるかに主眼がある。 ②　投資利回りがどの程度確保できるかがポイントとなる。 　　<u>すなわち想定したインカムゲインがないと投資事業が破綻するケースがありうる。</u> 　　　　　　　　　↓ 　　無理な投資計画でないか十分に吟味する必要がある。 ③　ほかの資産の保有状況で万一デフォルトが発生した場合の対応に大きな違いがある。

金融機関の立場からみると、債務者のデフォルトによる貸金返済の延滞は不良債権の発生となる。その点では富裕層向けの貸出は、返済原資が必ずしもアパート事業からのキャッシュフローに依存するばかりではなく、ほかの資産を充当することでデフォルト回避ができるように思われる側面は強い。もっとも、実は換金性が高くない不動産や株式しかもっていないケースもありうるため、事前の資産調査を行っておく必要がある（図表１－４参照）。

　もちろん、アパートローンはその目的物を担保不動産として徴求していることから、デフォルト時にはこの処分を行うことで一定額の回収は期待できる。ただ、通常、賃貸事業が行き詰まったアパートは、賃貸需要が小さい・競合物件が多い・建物が古い、あるいは間取りが需要とマッチングしていないといった問題点を抱えていることが多く、処分が容易でないことも考えられる。加えて、次節「２」で説明するが、今後の日本国内においては人口減少、世帯数減少により需要が縮小するため長期的な見通しが明るくない点も指摘できる。

　さらに、気をつけたいポイントとしては、ハウスメーカー等によるいわゆる「サブリース方式」によって、一括賃貸を前提に事業計画を描いている場合である。サブリース方式の仕組みや実態、注意点については、第２章において詳説するが、賃貸需要が必ずしも旺盛でないエリアであってもアパートの建設を行うことがあり、これが「長期の一括借上げ」であることで収益性は確実と判定し、安心してしまうケースがみられる。アパートローンの借入動機には、それぞれ違いがみられるものの、アパートローンの注意点を再度検討し、原理原則に従って審査を行うことが重要であると考えられる。

　一方で、アパートの賃貸料（純収益）だけでは成り立たないローンも一定程度存在するのも事実ではないかと考えられる。金融行政当局においても、そもそもアパートローンに対し、相続税対策を前提としたビジネスモデルでもあることを認識し、アパートの収益に加え、これ以外の所得等を含めた返済を前提としたローンがあることに注視しており、安全性面でのチェックを求めている。特に借入動機がどうであれ、適切なモニタリングの実施を求め

図表1-4　アパートローンにおける審査の3つの側面とそのポイント

■事業面での審査

	ポイント
事業環境	①　十分な入居需要があるかどうか。 ②　競合物件の存在はどの程度か、競争力がある物件か。
収支採算性	①　賃料等の収益計画とその妥当性の検証 ②　建築費、管理等の費用面の適正さの判定と今後の見通し ③　長期修繕計画の作成とその妥当性の検証
事業の継続性	①　需要の安定性・継続性の分析 ②　収入・費用面の将来予測と事業計画における反映 ③　少なくとも償還年限までの計画収入の確保と返済の確実性

■担保面での審査

	ポイント
担保適格性	①　公法上の規制等に照らして合法的なものであるか。 ②　償還年限まで使用可能な建築物であるか（物理的側面）。 ③　収益獲得が償還年限まで続く担保物件であるか（経済的側面）。
担保評価額	市場において売却した場合の経済価値はどのくらいか。
融資比率	担保評価額が融資金額に対し十分カバーできるものか。

■他の所得・資産の状況の審査

	ポイント
他の所得	基本的には、ローン返済はアパート事業収入から行うべきである。ただし、債務者に一定の所得が継続して存在する場合には、万一の場合補完できることになる。
資産状況の調査	万一事業が破綻した場合において、充当できるだけの換金可能な資産があるかどうか。

※このほかに適切な連帯保証人を確保しているかといった側面での審査もある。

ている点に留意したい。

　アパート事業を取り巻く関係者としては、まず物件所有者（オーナー）が存在し、建設会社（工務店・ハウスメーカーなど）、さらに建物管理業者、賃

貸管理業者（サブリース方式の場合の一括賃貸業者を含む）、大規模修繕工事を行う工事業者などさまざまな関係者が存在する。金融機関はオーナーへの資金面でのサポートを行うことになるが、ほかの関係者とは異なり、事業資金の完済まで長期間にわたってつき合うことが求められる。その意味では、オーナーとともに事業を見届けるという視点に立って、入口での審査にとどまらず、モニタリングについても十分に行い続ける必要がある。加えて、できるだけ優良物件を選択する、あるいは建設や事業面でサポート体制をしっかりと敷くことによって、金融機関にとっての優良債権を積み上げていくという姿勢も必要になる。

(2) オーナーの特性（オペレーション経験）

　アパートローンを活用してオーナーとなる人には、すでに多数の不動産投資経験がある、あるいは不動産に関する知識を豊富に有する人もいれば、初めて借入れを行い、賃貸事業をスタートする初心者もおり、経験的な面での差異は大きい。
　近年では、初心者や投資経験の少ない人によるアパートローン利用も増加しており、融資においては当人がリスクを十分に認識しているか注意する必要があると考えられる。その意味では不動産の投資経験の有無、長さを十分に確認しなければならない。
　投資採算性などについて事前のチェックが不十分な場合、多額の建築費をかけてアパートを建設したものの、入居者が一定数以上集まらずに、返済原資が獲得できないといった事態に陥りかねない。仮に相続税対策であっても、収益性のよくないアパートの場合、相続人にとって不利益になってしまうことも考えたい。金融機関としては、相続人も長期的にみると顧客になることを十分にふまえておきたい（図表1－5参照）。

図表1-5　アパートオーナー（不動産投資家）の属性

```
┌─────────────────────────────────────────────┐  ┌──────────┐
│  ■すでに豊富な知識と経験をもつオーナー      │  │投資経験の差│
│  金融機関職員として対応する際、十分に気をつける。│  │異は、ノウハ│
│  ■オーナーとしての経験が少ない、あるいは初心者│  │ウの差異   │
└─────────────────────────────────────────────┘  └──────────┘
```

金融機関としては十分なマーケティングと審査を行う。

ローンを受けること、断ることで投資採算性についてのなんらかのアドバイスを行うことにつながる。

仮に相続税対策でも、収益性、入居率が悪い物件はできるだけ建設させない。
＝相続人も金融機関にとってのお客様となる
　（長期間の継続取引を視野に入れた行動の重要性）

2 アパート事業を取り巻く人口・経済的環境からみた留意点

　アパートローンは、長期のローンである。長期にわたるという意味は、市場環境等の変化に従って価格や賃料・入居率といったものが一定ではなく、場合によっては上下変動するということである。一般的にアパートは、オフィスビルや商業店舗に比べると、需要面での安定性が高いことや賃料の弾力性が極端に高くないことから、景況感を要因として大きく変動する可能性は低い。ただし、ボラティリティは小さくても、市場環境等の変化によってアパート事業の破綻につながる事態もありうるため、その予兆をとらえるためにもモニタリングを適切に行うことが望まれる。

　今後20年ないし35年といった長い時間のなかで最も変化が生じると考えられるのが人口動態であり、融資期間中における事業モニタリングにおいても十分考慮しなければならない。

(1) 人口・世帯数の動向と今後のアパート事業への影響

　日本の人口はすでに減少傾向にあり、アパート需要が大きいと考えられる都市部の人口についても今後減少することがさまざまな機関のデータから読み取ることができる（図表1－6参照）。ただ、「人口減少⇒直ちにアパート需要が急減」というわけではなく、またアパートニーズそのものがなくなるというわけではない。

　そもそもアパート需要は、人口の社会移動、特に地方圏から大都市圏への移動や、都市内部における郊外部居住者の市街地への移動といった側面から形成されるもので、人口の増減よりも世帯数増減に従う傾向が強い。また、社会的な背景としては、晩婚化にあわせたマイホーム取得時期の変化や、今

図表1-6　日本の人口動向

■総人口
2015年国勢調査で調査初の人口減（2010年1億2,806万人→1億2,711万人）となり、2050年には1億人の大台を割り込む推計
■高齢者（65歳以上）人口と比率
2015年：3,393万人 　　（高齢者比率26.8%）⇒2040年推計：3,868万人 　　　　　　　　　　　　　　　　　　　　（36.14%）

※平成27年国勢調査速報および高齢社会白書2016（内閣府）による。

図表1-7　65歳以上人口推移（2015年以降は推定）

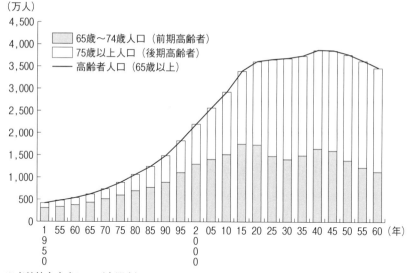

※高齢社会白書2016（内閣府）による。

後は高齢者向けのアパートニーズの増加が期待されるなど、賃貸需要が人口に比例するとは限らない面もある（図表1-7参照）。人口統計や世帯数の統計は行政資料（たとえば市町村のHP等や窓口での確認）で容易に集めることができるが、総人口減少という事象だけをとらえて悲壮感ばかりをいたずら

図表1-8　アパートローンの審査面における人口・世帯数統計表の様式（動向分析）

	中核都市	所在市町村	近　隣	競合エリア
2013年				
2014年				
2015年				
2016年				

【コメント例】
　対象物件が所在する市町村は中核都市のベッドタウンとして機能している。中核都市自体の人口は増加傾向にあるが、所在市町村は都心回帰化傾向があり、横ばいからやや微減基調に転じている。対象そのものの近隣は人口横ばいであるが、競合エリアは微減基調にあり、今後人口が減少する可能性を含んでいる。

に強調すべきではないだろう。人口が減少しても、非婚・離婚・死別等により単身世帯が増加し、世帯数としては増加ないし横ばいになるという地域もあるだろう。

　ただ悲観的になるばかりではよくないが、実態的な側面は常に認識しておかなければならない。したがって、都市別、あるいは都市内のエリア別といった分類で人口・世帯数の動向を把握し、アパート事業への将来的な影響をとらえておく必要があるものと考えられる。

　できれば、人口・世帯数について、アパートが所在する市町村、アパート居住需要の中心となる都市、市町村内における需要競合圏となるエリアの人口・世帯数の経年推移を抽出すると整理がつりやすい（図表1-8参照）。

　さらに、この競合エリア、あるいは近隣エリアにおけるアパート数の動向がつかめていれば、より精緻な需要動向分析が可能になる。

(2) 空室率の動向をとらえる

　人口・世帯数に加えて、注意してみていきたいデータに空室率（あるいは空家の数）がある。総務省の平成25年住宅土地・統計調査をみると、賃貸用の住宅の空室数は着実に増加している。全国的なデータだけをみると賃貸用の住宅の総数は6,030万戸となっているが、このうち820万戸（全体の13.5％）が空家となっており、加えて、賃貸住宅の空家はこのうち429万戸というデータとなっており、賃貸住宅のストック総数が2,270万戸であることから、実に約18.9％が空室になっている（図表1－9参照）。

　あくまでもこれは全国平均であり、都市部についてはこれよりも低い空室

図表1－9　空家数および空家率の推移

	空家数	賃貸住宅の空家数	空家率	賃貸住宅の空家率
昭和28年	94,000	－	1.3	－
33年	360,000	－	2.0	－
38年	522,000	－	2.5	－
43年	1,034,200	－	4.0	－
48年	1,720,300	－	5.5	－
53年	2,679,200	1,565,400	7.6	4.4
58年	3,301,800	1,834,000	8.6	4.8
63年	3,940,400	2,335,800	9.4	5.6
平成5年	4,475,800	2,618,900	9.8	5.7
10年	5,764,100	3,520,000	11.5	7.0
15年	6,593,300	3,674,900	12.2	6.8
20年	7,567,900	4,126,800	13.1	7.2
25年	8,195,600	4,291,800	13.5	7.1

※平成25年住宅・土地統計調査（総務省統計局）より。

率で入居がなされているアパートが多いのも実状であるが、人口や世帯数の減少が今後考えられることから、ある程度量的な調整をしながら魅力のあるアパートを供給していかないと、空室率の高さに苦しむアパートが増加することになりかねない。加えて、将来的な収益予測においては、入居率の動向をよりシビアにみつつ、適切なストレステストをかけるといったモニタリングを行うことも重要となるだろう。

　一般的に建物の新築時ほど入居率は高い傾向にあり、建築後年数を経ていくことで、類似立地に新築物件、あるいは築浅の建築物件の建設が進んだ場合、賃料の引下げなどの施策を行わないと、空室が増加する可能性もある。建築後必要となる大規模修繕などもうまく活用しつつ、適切な賃料で一定の入居率をキープしていくためには、現状における対象物件、周辺の空室の状況をよくみていくことが肝要といえる。

(3)　経済環境等からみた留意点

a　持家指向とアパートの需要

　そもそもアパートの入居需要にはどのようなものがあるか、まず考えてみたい。わが国では、戦後の基本的な政策方針として、公庫融資や税制優遇から成るいわゆる「持家政策」が採用され、これをもとに動いてきた。すなわち、成人し一定の年齢になったとき、基本的には自己住宅の取得を行うといった観点で行動することが、長い間続いてきた。一般的には就職するまで（あるいは学生として親元から離れるまで）実家で生活し、その後アパートを利用した生活がスタートするが、いずれはマイホームを取得するといった人生設計上の考え方が、日本社会の根底に存在しているといえる。こうしたなか、アパートの需要として考えられるものについて、ライフステージ別にとらえると、図表1－10のとおりとなる。

図表1-10 ライフステージ別のアパート需要

① 大学・各種学校への就学のためのアパート
　学生アパートがこれに当たり、小規模の居宅を賃借する需要である。基本的には実家から通学が困難な場合に入居するもの。かつてはトイレ共同・風呂なしといったものが主流であったが、平成期に入るバブル経済期前後から、バス・トイレ・キッチン・エアコン付ワンルームスタイルのものが急増し、現在では主流となっている。

↓

② 就職後に入居するアパート（いわゆる単身世帯）
　学校を卒業し結婚するまで入る賃貸住宅で、居室面積は比較的狭いものとなっている。学生アパートと大差ない面があるが、近年では安定した職業に就職する人向けには、バス・トイレ別のタイプなど、グレード面で差異がみられる。晩婚化により、過去よりも単身居住期間が長くなっていることもあり、単身向け住居の需要は高まっているものと考えられる。

↓

③ 結婚後に入居するアパート
　結婚による所帯形成で入居するアパートで、間取り的には1LDK以上（専有面積では40㎡以上）のものである。子供が生まれる前、あるいは小さいうちに入居する形態のものである。近年では低金利政策や住宅ローンにおける頭金の額が非常に少なくなっているといった事情もあり、結婚を機に住宅を購入するケースが増加している。

↓

④ 家族形成後に入居するアパート
　いわゆるファミリータイプアパートがこれに該当する。持家指向がある人は、自宅購入までのつなぎ的な間の居住ニーズとなるが、ただ、持家指向でない人も一定割合存在する。持家指向でない人は、所得水準から購入がむずかしいケース、取得したい住宅が高額になってしまい様子見をするケース、実家などがあり特に別途住宅が必要と考えないケースなどいくつかに分類される。
　一方で、転勤により、一時的に入居するためのアパートもあり、大都市圏や支店経済都市においてはこの需要も大きい。

↓

⑤ 高齢時に入居するアパート
　サービス付高齢者向け住宅（サ・高・住）、やや幅広くとらえると有料老人ホームがこの概念に入る。かつては高齢者を自宅で介護するのが一般的であったが、近年は健常の高齢者が入居するケースや、高齢単身者が増加することでこの需要が増加する。高齢者対応になっている住居であり、一般の住宅とは設計面で異なる側面が強い。

b　旧来からのライフスタイルおよび持家志向の変化

　いわゆる持家政策によるライフスタイルを長らく形成してきた日本ではあるが、このライフスタイルに変化が生じ出したのは、昭和60年代から平成初期に発生したバブル経済期であると考える。

バブル経済期においては、大都市圏を中心として住宅地価、マンション価格が大幅に上昇した。この際に年収倍率が10倍を超える物件が多数登場するとともに、当時の貸出金利が高かったこともあって、住宅取得が現実的ではなくなった。そのため、ファミリー形成時に居宅を購入するという従来考えられてきたライフスタイルから、ファミリー形成後もアパートに住み続けるという形態への変化が多くみられるようになった。ただ、これについては平成5年頃からバブル崩壊による地価下落、さらに建設需要低迷による建築費用の大幅下落といった要因により、平成10年頃には住宅価格が一般的な世帯の手にも届く範囲にまで戻ることになり、持家志向が復調する場面がみられた。

　一方で、このような持家志向の復調を打ちのめす状況が平成10年以降から続くデフレ経済といえる。かつて住宅については、不動産であることからインフレに強く、早期に取得することで大きなキャピタルゲインが獲得できるといった認識があった。しかし、物価上昇がない、あるいは下落基調にあるなかで、慌てて住宅を取得することの意義が低下することになった。加えて長期にわたる景気低迷により雇用形態に大きな変化が現れ、特に非正規社員の増加は、安定収入確保への自信喪失に加え、終身雇用による所得の年功序列制がなくなったことも大きく、若年世代ほど持家志向が弱くなっている側面も強い。

　ただ、現状（国土交通省平成28年1月土地問題に関する国民の意識調査）でも8割近くの土地・建物所有意識があることからも、持家志向は根強く存在していることがうかがえる。

c　アパート需要の今後
　　（人口・世帯数の動向、世代別需要について）

　アパート需要動向を考えていくうえでのポイントに次のものがあると考える。

① 単身世帯の増加
② 晩婚化による住宅取得年齢の上昇
③ 高齢単身世帯の増加

　近年、人口が減少基調に入った日本ではあるが、世帯数自体はまだ増加基調にある。これは各世帯の構成人員の減少を意味し、ほぼイコールで単身世帯の増加を意味する。単身世帯は、ライフステージ上住宅取得時期が遅くなる傾向があると予想され、この層については、今後、アパート需要が増加するものと考えられる。また晩婚化により単身世帯の年齢の上昇も考えられることから、所得に見合った住居を指向することが想定され、かつてに比べると単身世帯向けの個々の居住面積自体は大きくなってきている。

3 アパート事業の特性と計画から融資償還までの留意点

アパート事業の流れの概略を示すと、図表1-11のとおりとなる。

図表1-11 アパート事業の流れ

```
アパートの選別
・地主の有効活用の場合はその土地上の建設となる
・他の土地の物件を購入する場合は用地購入から入る
・既成の投資用不動産を購入する場合はその選別を行う
```

```
アパートのマーケティング・プランニング
・立地の優位性の確認
・どのような入居獲得が可能か
・需要層の確認・需要者数の確認
・間取り・面積・戸数・駐車場台数などの設定
・賃料の設定⇒競合物件との競争優位性の検証
```

```
建物のプランニング・設計
・立地・想定入居者にあわせた建物設計
・間取りや面積の検証
・建物建築費の査定
```

```
収支プランニング(事業計画)の策定
・事業費用の確認
・収入計画の策定
・支出計画の策定
・大規模修繕計画の策定
```

```
建物の建設⇒竣工⇒入居開始
建物建設費用等の融資
□入居開始に伴う賃料収入のスタート
```

```
(建築後)
□大規模修繕工事の実施(建築後10年~15年程度、基本的には自己資金による)
□賃貸借条件の見直し(建物が古くなることによる商品力低下)
```

```
融資の完済
```

(1) アパート事業の特性とマーケティング・プランニング時の留意点

　アパート事業の収益は、基本的には賃料と入居率（空室率）に左右される。一括賃貸形態をとっている場合は、その契約期間内においては一定の賃料が獲得できるが、この期間を過ぎた場合は賃料収入が不確定になる。

　賃料や入居率は、アパートに対するニーズに左右されるが、入居者の年齢別にニーズをとらえた場合、おおむね次のものが考えられ、立地特性に応じてどのような物件を建てるべきか検討する必要がある。

---

① 大学や専門学校といった学校への通学のためのニーズ
② 比較的若年層の勤労者のニーズ
③ 新婚、あるいは夫婦入居を前提としたニーズ
④ 家族（子供連れ）での入居を前提としたニーズ
⑤ 高齢者の入居を前提としたニーズ

　このように就職や結婚等を契機にアパートを借りるニーズが発生するが、戸建住宅やマンションを自宅として購入する場合には、アパートに対するニーズがなくなることになる。一方で、自宅購入後においても、転勤などでアパートを借りるニーズが発生することもあるため、都市によってはさまざまな分類、ターゲットゾーンが存在することになり、図表1-12のとおりとなる。

　アパートを建設（取得）するにあたっては、まず最大のターゲットゾーンがどこにあり、どの程度の需要が現時点においてあるか、あるいは将来時点でも存在するかよく検討する必要があり、顧客層にあわせた間取り・専有面積を探る必要がある。

　何よりも重要なのはアパート需要の継続的な存在で、アパートローンは、

図表 1 –12　一般的な顧客層形態分類と間取り・専有面積

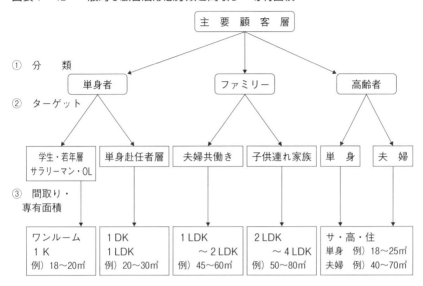

融資期間が20年～35年と長期のものであり、償還までに賃料が適切に入るかどうかよく吟味する必要がある。一度建設してしまうと、間取りなど容易に変更することができないため、当初のマーケティングはしっかりと行わなければならない。

一般的に考えられるマーケティングのポイントとしては、次の6つがあげられる（図表1 –13参照）。

①　どのような居住ニーズ（需要）があるか
②　主な賃借人層の設定とこのニーズに合致する間取り、専有面積の設定
③　賃料の設定（単価、総額）、周辺物件との比較
④　現在考えられる空室発生の可能性
⑤　近い将来において建設されると考えられる競合物件の存在

⑥ 中長期における賃料、入居率変動の可能性

図表1−13　マーケティングのポイント

居住ニーズの存在	・現状においてアパート需要が存在するかをまず分析する。 【留意点】 ・都心部から遠いエリアや、鉄道駅から距離がある地域、大学などから離れる地域、スーパーや病院、小中学校、保育園といった施設から遠い地域については利便性が劣り、居住ニーズの存在そのものが見込みにくい面も考えられる。 ・共働き世代向けのアパートを設定する場合、利便性が重要で、鉄道駅のみならず学校等へのアクセスがある程度よくないと一度住んでも比較的早い時期に退去してしまう。 ・すでに人口減少が顕著な地域については特に十分な検討が必要である。 ・長期的なトレンドをみながら居住ニーズを探ることが大事である。
間取り・専有面積の設定	・主要顧客層を分類し、ターゲットゾーンを定める。 ・これに応じた間取りと専有面積を決める。 ・賃料単価を設定し、面積を乗じて月額の実際の支払賃料の額がターゲット主要顧客層にとって妥当な水準であるかよく考える必要がある。 ・ハウスメーカーによるサブリース方式の場合、パッケージ化されたアパートの設計になってしまうことが往々にしてあるが、需要とマッチングしているかよく考え、ボリュームゾーンの層と異なる場合は、再考する。
賃料の設定（単価、総額）と周辺物件との比較	・設定する（あるいはすでに稼働している場合は実際の）賃料の妥当性を検証する。 具体的には、周辺におけるアパートのうち、間取りなどが類似しているものについての賃貸事例、募集事例などを収集し、この賃料単価をもとに実際の1部屋当りの室料を査定する。 ↓ 賃料が競争力をもつ水準であるか検証することが重要。
現在考えられる空室発生の可能性	・入居希望者が多いエリアの物件でも入居者入替えに必要な期間等を考慮し5％〜10％程度の空室率を想定することが多い。 ・競合物件が多いエリアや入居者ニーズがとらえにくい物件については空室率をより高くする。 ・すでに稼働している物件の場合、現状発生している空室の状況を最大の参考データと考え、周辺の空室状況を調べて空室発生の可能性をとらえる。

近い将来において建設される競合物件の存在の確認	・周辺に競合物件が新築されると、賃料や入居率に影響が出る。 ・建設予定物件が周辺にあるかをチェックする必要があり、場合によってはその賃料設定も調べる。
将来における賃料、入居率変動の可能性	・一般にアパートは、新築時が最も賃料が高く、経年により競争力が低下して値下りする。 ・建築後おおむね10年程度を経過すると、設備面やデザイン面での競争優位性が落ちてくるといわれ、その後は徐々に価格を引き下げながら入居者を獲得していくことが多い。 ↓ 最初に設定した賃料での収入を最大とし、経年により徐々に低下する可能性を見込むことが、事業計画上非常に重要となる。返済計画においてもこれを十分に見越しておく必要があり、入居率(空室の発生)についても十分検討しておくことが大事となる。
中長期的な視点での需給動向分析と期間経過による見直しの必要性	・上記のようなマーケティングは、通常貸出時に行われる。 ↓ 融資においては、実行から返済期限に至るまでの需給動向分析を行うことは重要となる。ただ償還年限となる20年や30年までの将来予測を行うことそのものがやや現実的ではないため、期中モニタリングが重要となる。 【期中モニタリングの重要性】 ・一定の期間が経過するたびに、賃料が妥当か、また想定の範囲内に空室が収まっているか、検証し見直しを行う。同様に物件の今後の問題点把握や賃料獲得のための施策も見直す。

(2) ハウスメーカーを通じた一貫したアパート運営の場合

　現状のアパート建設においては、一貫したサービスを提供するハウスメーカーを選択するケースが多い。この場合の特徴としては、建物の企画設計から建設、さらに建物管理、賃貸管理、大規模修繕がワンセットになっている点があげられる。アパート経営のなかでも、入居者募集と建物管理はオーナーにとって最も煩わしいものであり、かつては空室が出るたびに募集を行

う、加えて建物の故障箇所が発生した場合に対応を行うことが通常であった。ハウスメーカーを選択する場合、これらの煩わしさから解放される点では非常にありがたい面はあり、これが不動産経営に慣れていない人でもアパート経営に乗り出せる効果をもたらしている。また、賃貸管理にあわせて「サブリース方式」と呼ばれる建物の一括賃貸契約を締結することで、固定賃料が毎月入り、収入の安定化が図れ、空室リスク等から「ある程度」解放されることにもなる。

　ただ、ここでは「ある程度」という言葉を使ったが、これが示すとおり、大半の契約では一括賃料は更新のつど見直されることになっており、空室の状況や入居者からの賃料が下がった場合には当然にして一括賃料もあわせて下がることになる。したがってサブリース方式は、「保険」的な側面や「完全保証」を意味するものではない。収入の安定化や空室リスクからの解放などをことさら強調して営業をかけるハウスメーカーもあるようだが、これについては現実的ではなく、また一部では社会問題化した事例もあり、国土交通省も注意喚起を出している。

　サブリース方式の注意点については第2章で詳述するが、賃料変動の可能性のほか、一括賃貸継続条件がさまざま付されることがある。特に、ハウスメーカー関連の賃貸管理会社が要請する大規模修繕工事を実施しない場合に契約解除条項に抵触するケースがみられるなど、注意を要する。また、賃貸管理会社が要請する大規模修繕工事に要する金額が、一般的に考えられる大規模修繕費用よりも大きいことが多くみられる。ここで資金がショートした結果、サブリース方式の継続ができなくなると、アパート経営自体を大きく見直す必要が出てくる。

　また、ハウスメーカー仕様の場合、本来であれば工法の統一化により建築費が低く抑えられる面も考えられるはずであるが、メーカーによっては一般の建設会社より単価が割高であるといった面も指摘されている。アパートの収益性の観点から考えた場合、初期投資が高くなることは大きい負担となる。

当初における事業収支シミュレーションに関しては別に説明するが、まず当初のシミュレーションを大きく誤ると、建物が建築された後は軌道修正がむずかしい面があるため注意したい。

(3)　長期ローンであることによるモニタリング・担保見直しの重要性

　アパートローンは、かつては20年程度で設定されるものが多かったが、近年では少ない自己資本（ないしはほぼゼロ）でスタートできることから長期で設定されることが増えており、住宅ローンの最長期間並みの35年設定のものもみられるようである。住宅ローンの場合、債務者の給与所得からの返済が前提となっているが、アパートローンの場合、事業性ローンであるがゆえに賃料収入が低下すると、返済が厳しくなることを十分ふまえる必要がある。

　このため、当初の事業収支計画をもとにした返済プランに対してストレステストを課すなど、一定の賃料低下が発生した場合でも返済が可能かといった側面でのチェックが必要となる。

　できれば当初シミュレーションのとおりに事業が進むことが期待されるが、期間経過とともにこれから外れていくことも考えておく必要がある。もちろんよい方向に進む分には問題にはならないが、現実的には悪化する場合や、予想外の事態や支出が発生することも考えられる。したがってモニタリングを行うことが重要となる。具体的には定期的に収支状況などをチェックするとともに、事業環境の変化や中長期的な修繕に必要となるキャッシュリザーブの存在の確認を行うことが重要となる。現時点におけるIRR（内部利益率）がどの程度あるアパート事業かも十分にふまえておく必要があるだろう。

　万一の場合、アパート事業をやめて売却することも想定されるため、担保評価も適宜実施する必要がある。金融機関のリスク情報という意味では

LTV による管理も非常に重要になると考えられる。そのため担保評価についてもモニタリングにあわせて定期的に実施することが求められる。その際には不動産の時価情報、すなわち地価・建物建築費・賃料・利回りなどを把握しておく必要がある。

(4) 賃料収入以外の所得などからの補てんを前提とした場合の注意点

　アパートについては都市部を中心に、昨今の不動産価格の高騰で、投資利回りそのものが大きく低下している状況にあり、かつてに比べると収益性は低くなっている。そのようななかで、高額な土地をもつ地主などが相続税対策を行うためにアパートローンを組むことになるが、返済計画を立てるにあたってはアパート事業から生み出される収益のみでは返済まで回せないケースも多く、他の所得から一部を回すことも多く行われるようになっている。また預金や株式など他の資産を有しているケースも多く、万一の場合でも回収ができないことはないと判断しているケースもある。

　たしかに、こういう層は給与所得（役員報酬）や株式配当など相当額の収入を得ていることが多く、返済可能性は十分見込まれるものと考えられる。ただ、こういった収入も20年ないし30年という長期にわたって確実に獲得できるかといった点では微妙といわざるをえない。その意味ではローン期間にわたり持続可能なものであるか、またモニタリングにおいてその状況についてもとらえることが不可欠となる。

(5) 避けては通れない大規模修繕工事の実施とキャッシュリザーブ

　アパート経営については、もちろん入口の審査をしっかりやっておかないと、事業面で厳しくなるのはいうまでもないが、建築当初から高い空室率が

発生するといった事態が起きることはそう多くないと考えられる。

　一方で、アパートも経年劣化が進むとその商品価値が落ちることになり、おおむね10年前後を過ぎるとさまざまな修繕箇所が発生することになる。加えて、周辺に新築物件が完成すると競合関係が発生し、空室が急に目立つなど、収益性の面での問題が一気に増えることになりかねない。この際、賃料を下げるなどの対策を行うことも考えられるが、できるだけ競争力を維持するために大規模修繕工事やリニューアル工事を行い、屋根や外壁といった躯体的なもの、設備の更新、エントランス部分等の共用部の意匠更新、室内の設備・意匠更新を行うことが有効となる。

　気をつけたいのは「サブリース方式」を採用している場合、当初契約期間がたとえば10年間であるときに、この当初契約期間終了後の更新時において、大規模修繕工事の実施が更新の条件として特約に付されているケースである。この場合、賃貸管理会社が要求する工事の実施が必要となり、相当額を用意する必要がある。

　このように大規模修繕工事に対応するための費用が必要となるが、この費用は融資で対応するものではなく、毎月獲得する賃料のなかからリザーブしておく必要がある。

　「不動産収入＝所得」と考えて全部使ってしまうと、将来における大規模修繕費用の確保ができないことになる。したがって、これに見合った金額が残されているかもチェックしたい。特に資産管理会社形態をとっている場合は要注意といえる。資産管理会社は、所得税率の累進課税に対応するために、アパート経営の法人化を行い、管理受託法人・サブリース法人、あるいは建物所有法人をつくり、それぞれの役職員に対し所得分配することで税額軽減を行うものであるが、やはり建物の所有者・所有法人に大規模修繕費用を残しておくことが重要となる。

(6) 予測分析の重要性

入口審査・モニタリングを行うことで、アパートローンのリスク管理を行うことが重要であることは前述した。一方で、モニタリングなどはあくまでも実績から分析を行うことが中心となるものであるが、これに加えて、将来の市況がどのようになるか、あらかじめつかんでおくことができれば、有事の際にいち早く対応が可能になるものと考える。

相続目的の場合、借入金には相続税評価額を下げるという意義があり、不動産からの収益や価格の上下変動で直ちに売却などを検討する必要がないと考えるケースも多い。しかし、投資目的でアパートをもっている場合などは、投資回収額の極大化が求められるため、将来的な賃料下落、不動産価格下落が見込まれる場合には、売却も視野に入れた行動を起こす必要がある。その意味では、現状分析と同時に将来の状況の予測ができれば心強い。予測方法については、地域イベント・周辺の開発の動向・企業や大学の進出撤退等の定性的な見通しをふまえ、人口動態・世帯数・金利・地価・建築費等の見通しを分析する。精度の高さを目指しても必ずしも正解になるものではないが、リスク分析を行ううえで有意義なものと考える。

(7) ポートフォリオ分析によるアパートローンのリスク管理

アパートローンを検証するうえでは、個々の物件の投資妥当性・事業採算性という観点があるが、金融機関の貸出に占めるアパートローンの割合が高まっている今日においては、ポートフォリオ等さまざまな側面から分析を行うべきではないかと考える。

一般的に考えられるポートフォリオ分析をあげると、図表1−14がある。リスク分散の意味では、たとえばサブリース方式を採用する物件の集中リ

図表1-14　ポートフォリオ分析

分析方法	具体的方法
地区別の賃料・空室率分析	人口・世帯数の状況に応じた賃料・空室率を把握することで、今後どのような影響が与えられるかを分析する。
物件の建築年数別・間取り形式の分析	建物の建築年数別・間取り形式別に賃料単価、空室率について分析を行うことで、収益性の経年変化を分析する。
全体に占めるサブリース比率分析	サブリース方式そのものについては、安定性などを指摘する向きもあるが、やはり一括賃料が大きく下落するリスクを考慮しておく必要がある。ローン全体に占める割合を把握することで、リスク分析に生かすことができる。
サブリース比率が高い場合、サブリース契約における賃料改定期別の分析	サブリース契約賃料は賃料改定期が来るまでは、基本的に減額が行われないが、改定期に減額が行われる可能性があるため、これを分類しておく。

スクや、物件の種類や建築後の年数に注視したポートフォリオ構築を検討するのも一案である。一方で、全国的に事業展開を行う金融機関ではなく地域金融機関の場合、アパート需要は一定地域に集積する傾向があるため、地域分散という観点からのポートフォリオ構築という考え方はなかなかとりにくい面はある。

(8) 賃料減額などによる入居率向上策の提案

　アパート経営はもちろんオーナーが主体となって行うものである。ただ、ハウスメーカーを軸に一括賃貸契約・賃貸管理を入れた賃貸事業展開を行う場合でも、金融機関にとっては「事業収支の状況＝返済能力の強弱」につながる。このためオーナーとの間で収益向上のための策を練ることも重要になる。

たとえば一定の年数を経た建物の場合に、競合物件の賃料水準などをふまえて、入居者をつかみやすい賃料まで下げることがあげられる。もちろん一定数の空室があることを直ちに問題にする必要はないが、やはり空室期間が長いとその分獲得できる収益を逸失してしまう。入居率向上のための提案はモニタリングを継続するなかで行っていくものであり、賃料減額などの収益向上策に対する最終的な判断はもちろんオーナーに委ねることになる。

(9)　都市、地域別アパート需要に関する予測の強化と街づくりとの協調

　さまざまなポートフォリオ分析などを継続的に行うことで、都市や地域別の賃貸動向がつかめてくるものと考えられる。そこで得られた情報をもとにアパート需要を予測することが重要となる。加えて、今後は「街づくり」や「地方創生」という側面にも、金融機関は可能な限り取り組んでいくべきと考える。

　高い需要の認められるエリアにおいてアパート事業を行うオーナーに対してローン提供を行うのが金融機関の業務の中心であるが、立地選別をしっかり行っても、中長期的な視点でみると人口・世帯数は減少していくため、これを食い止めるためには魅力のある「街づくり」や「地方創生」に関与していくことが必要になると考えられる。金融機関の「地方創生」における役割という考え方については、最近よく話題になっているが、不動産向けのローン残高が増加していくなか、アパートに限らず、たとえば住宅街の価値の維持、オフィスビルや商業ビルの価値の維持を図り、貸出債権の劣化防止につなげることも期待できよう。

4 金融行政が指摘するアパートローンの留意点

アパートローンについては、近年貸出残高、あるいは貸出資産における比率が高まっているなか、金融行政もさまざまな視点で注視している。過去からの動きをいくつか整理してみたい。

(1) 金融庁の金融検査結果事例集から

比較的最近のものでは平成27年6月に公表された結果事例集があるが、このうち不動産向け貸出について抜き出すと、図表1－15のようなものがある。

図表1－15の結果事例集をみると、やはり事業計画の検証や実態把握といった伝統的な不動産向けローンにおける事後管理面への指摘が多い。また、金融機関としての貸出債権ポートフォリオに占める不動産貸出の集中に対する懸念、特になんら具体的な問題検証を行わず、横並び的な意識での事業推進に対する警告を示しているものが多い。

図表1－15　平成27年6月金融検査結果事例集より

	記載内容（抜粋）	注目点
1	融資部門が、営業店に対して、融資の実行時や実行後における事業計画の検証や進捗管理のほか、試算表や工事明細一覧などの徴求により、債務者の実態を把握するよう適切な指導を行っていない。（事例集P.60）	「事業計画の検証」 「進捗管理」 「債務者の実態把握」
2	不動産業の与信残高構成比率等の上限引上げに当たり、同業種への与信集中が進むこ	「不動産業への与信集中」 「業種集中リスク管理」

	とにより生じるリスクを検討することなく、県内の他の金融機関と比較して突出したものではないことのみを理由として決定しており、業種集中リスク管理は不十分なものとなっている。　　　（事例集P.66）	
3	不動産ノンリコースローンについて、LTV算定における不動産鑑定評価の具体的な検証方法が定められていない。（事例集P.71）	「LTV算定における不動産鑑定評価の具体的な検証方法」
4	資産査定管理部門は、経年、エリア、立地等の面において相対的に競争力が劣る物件や、賃料・稼働率等が下方トレンドにある物件について、こうしたネガティブな要素を不動産評価に反映させるための具体的な検証項目を定めていない。　（事例集P.72）	「下方トレンドにある物件」「ネガティブな要素を不動産評価に反映させるための具体的な検証項目」

(2) 農協検査（3者要請検査）結果事例集から

　平成28年2月に金融庁と農林水産省が結果事例集（平成25年2月～27年3月分）を公表している。

　アパートローンは、古くから地主向けの土地の有効利用策、相続税対策といった側面が強いのは前述したが、土地を多くもつ農家とのつながりが深い農協に対する検査事例集をみると、アパートローンに対する指摘が数多く存在する。この事例集にみられるポイントをいくつかあげてみると、次のものが存在する。

> (イ)　審査部門が、賃貸住宅向け資金の貸出について、築年数に応じて入居率が低下する傾向があることや、一定の修繕費が必要であるなどの賃貸住宅物件の特性や、一括借上契約の特性を十分に検討していない等、事業計画の妥当性や返済能力を適切に審査していない。
>
> （事例集P.5）

□ 将来発生する修繕費等を収支に反映する必要性や経年による入居率低下等を考慮しておらず、修繕費負担や入居率低下等に伴って借入金の返済が滞り延滞が発生している。

□ 一括借上契約が締結されているアパートローンについて、同契約の内容を十分に確認することなく当初の一括借上賃料が全期間継続すると誤認し、債務者の返済能力の確認を怠ったうえ、築年数に応じた将来の入居見込みや修繕費の想定を十分に検証していない事例。

□ 経済的な耐用年数を考慮して償還期限の上限を設定する取扱いにもかかわらず、借換案件や中古物件の購入案件の審査に当たり、対象物件の築年数を考慮することなく……貸出期間を適用している。

【(イ)のキーワード】
・築年数と入居率・修繕費との関係
・一括借上契約の特性自らが賃貸住宅の管理会社の経営の場合の不良資産の有無
・経済的な耐用年数と償還期限との関係

(ロ) (与信管理部門)は、賃貸住宅向け貸出に関し、入居率の低下等に伴う返済原資の減少から延滞等が発生し、リスクが顕在化しているにもかかわらず、ディスクロージャー基準の区分内(個人向け貸出)で一括して把握・分析するにとどまり、例えば、賃貸住宅向け貸出に区分した残高動向等を把握・管理し、クレジット・リミットの必要性を検討するなど、信用集中リスクを適切に管理する態勢を整備していない。
(事例集 P.6)

【(ロ)のキーワード】
・信用集中リスクの管理

これらをみると、かなり細かい事項について指摘がなされている印象を受けるが、その分、立地的にアパート事業として厳しい案件が存在していた点が推察される。また、ここでもポートフォリオ上の注意点、集中リスクに対する管理態勢ができているかとの指摘が行われている点が注目される。

(3)　日本銀行レポートから

　平成28年３月に日本銀行が発行した「地域金融機関の貸家業向け貸出と与信管理の課題―アンケート調査結果から―」をみると、日本においては晩婚化や高齢化、人口の社会移動、たとえば地方都市から大都市圏への移動といった背景から貸家需要は増加傾向にあり、貸家業向け貸出が社会的要請に金融面から応えるものであるとしながらも、近年の貸家の増加が富裕層の資産運用や節税ニーズなど、貸家の供給側の要因に動機づけられている面がある点を指摘している。
　このような要因のなか、３つのポイントについて注意点を打ち出している。

---

①　地域や物件特性等に基づく類型化やデータ・情報の整備
②　入口審査における収支見通しの検証
　（先行き入居率の妥当性検証方法や下方ストレスのかけ方等）
③　中間管理の頻度やポートフォリオ分析等の充実の余地

　このレポートでは、図表１－16に引用した図表に従い、世帯数の見通しと貸家の長期需給についての指摘があり、これまでは世帯数の変化に見合うかたちで貸家戸数が調整されてきたが、今後については世帯数が減少することで入居戸数も同時に減少し、需給の見極めがこれまで以上に重要になっていると指摘している。
　また与信管理の状況としては、図表１－17に記載した事項を注意点にあげている。

図表1－16　世帯数と貸家戸数の推移

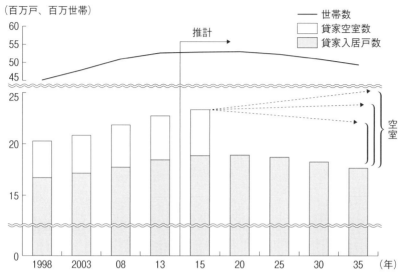

(注) 1　2015年の貸家戸数は、住宅土地統計調査、住宅着工統計および滅失建築物の調査報告を用いて推計。
　　 2　2015年以降の貸家入居戸数は、世帯数と貸家入居戸数の比率が1998～2013年の平均値で一定として推計。
※総務省、国土交通省、国立社会保障・人口問題研究所（平成28年3月日本銀行レポートより引用）。

図表1－17　アパートローンの与信管理の状況

入口審査	□対象物件の先行きのキャッシュフローを適切に見積もるとともに、入居率が下振れた場合の返済余力の確認が重要 　比較的多くの先でストレスシミュレーションを行い大規模修繕費用を考慮しているが、ストレス水準が十分でないケースも 　サブリース物件についても適切なストレス水準を確保する必要 □入居率に影響を及ぼす人口・世帯数の先行き見通しの分析が有益
中間管理 （貸出実行後）	□個別物件ごとの管理 　定期的な個別案件の家賃、入居率、賃料収入の確認 　預金口座における賃料収入の入金状況の把握 □ポートフォリオ・ベースでの管理 　住宅ローンに比べ、データ蓄積の不足、分析手法未確立から、

| | アパートローンについてはこれが広く行われていない
⇒リスク分析の切口として
　デフォルト率、信用コスト率、収益性、DSCR、LTV等が想定内のものであるか定期的な確認 |

(4) 直近の動向もふまえたまとめ

　金融行政からの指摘事項をみると、やはり何よりも個別案件における「入口審査」で事業収支見通し等、計画の妥当性や返済能力の分析をしっかり行っているかという点での指摘がある。この点はどの金融機関も過去から実施しているものとは考えられるが、今後もより精緻化することが求められる。

　一方で、「中間管理」におけるモニタリングについては、金融機関によりその頻度および深度に差異があり、より体系的に行われることが求められているように感じる。個別物件ごとの管理を行うことは当然であるが、ポートフォリオ・ベースでの管理を重要視している。

　なお、直近で入手した情報・資料などを分析すると、金融行政サイドでは、図表1－18のポイントを重要視していると思われる。

図表1－18　アパートローンのリスク管理のポイント

項　目	注意点
① 賃料以外の収入による返済がある場合	アパートローンについて、物件の賃料収入のみを元利金返済の原資とした場合、一部で採算性の不確実性が増すものがあり、この場合に債務者のその他の収入・資産も元利金返済の原資として加えて採算が確保できるケースもある。 ⇒その他の収入や資産の内容、元利金返済原資としてローン期間中にわたって持続可能であるかといった点について、入口・中間管理（モニタリング）において確認することを求めている。
② 事業収支シミュレーションにおける各項目の査定基準の作成	収支シミュレーションにおける修繕費、管理費などの前提条件について統一的な目線がないため、この基準作成を求めている。
③ サブリース比率に対する注意点	サブリース比率が高い場合、表面的に信用リスクが低くみえ、ポートフォリオの実態をわかりにくくしてしまう可能性がある。 ⇒ポートフォリオ上、サブリース比率が高い場合において、契約内容や保証期間、契約更新時、手数料体系をデータベース化することが重要で、かつ定期的に物件の収支状況を把握することが必要と考える。 ⇒特定のサブリース業者に対する集中リスク管理の指摘。
④ ポートフォリオ分析の重要性	ポートフォリオをさまざまな側面から分析したうえで、審査に活用して、理想とするポートフォリオ分析を行うべきではないか。 ⇒地区別に空室率、賃料の集計を行い審査に反映させるサブリースの集中リスク管理。 ⇒物件の種類・年数によるポートフォリオ分散効果を図る必要。

5 顧客本位の業務運営に関する原則とアパートローン問題

(1) 「顧客本位の業務運営に関する原則」制定の経緯および背景

　平成29年3月30日、金融庁は、「「顧客本位の業務運営に関する原則」の確定について」を公表した。この「顧客本位の業務運営に関する原則」(以下「本原則」という)の源流は、平成27年事務年度金融レポートにさかのぼるようである(注)。すなわち、同レポートには、金融機関が短期的な利益を優先させるあまり、顧客の安定的な資産形成に資する業務運営が行われているとは必ずしもいえない状況にあり、顧客と金融機関との間には金融商品のリスクに関する「情報の非対称性」が存在しているとの指摘がされており、これを契機に金融審議会市場ワーキング・グループにおいて平成28年5月から審議がされて、同年12月22日、市場ワーキング・グループ報告において、「顧客本位の業務運営」が明示されるに至った。そして、金融庁は、「顧客本位の業務運営に関する原則(案)」を公表し、平成29年1月19日〜同年2月20日の間、パブリックコメントに付した後、同年3月30日に確定版が公表されるに至った。

(注)　梅澤拓「金融行政方針が地域金融機関に与える影響—「フィデューシャリー・デューティ」から「顧客本位原則」へ—」(金融法務事情第2058号28頁)。この梅澤論文では本原則の生い立ち、内容およびフィデューシャリー・デューティとの関係のみならず、金融機関対応まで明確に説明されている。

(2) 「顧客本位の業務運営に関する原則」の内容等

a 法的性質

本原則は、法令等と異なり規範性はない。いわゆるプリンシプルベースのソフトローにすぎないから、本原則を採択した金融機関がこれに反しても行政処分等の不利益を受けることはないとされている。

b 目　　的

本原則は、上記市場ワーキング・グループの提言をふまえ、金融事業者（金融商品の販売、助言、商品開発、資産管理、運用等を行うすべての金融機関等をいう）が顧客本位の業務運営におけるベスト・プラクティスを目指すうえで有用と考えられる原則を定めるものとされている。

c 対　　象

本原則の対象となるのは、「金融事業者」であるが、本原則では「金融事業者」を定義せず、顧客本位の業務運営を目指す金融事業者において幅広く採択されることを期待するとされている。

d 本原則の採用するアプローチ

前記のとおり、本原則は「ルールベース・アプローチ」ではなく、「プリンシプルベース・アプローチ」を採用しているので、金融事業者においては、外形的に遵守することに腐心するのではなく、その趣旨・精神を咀嚼したうえで、それを実践していくためにはどのような行動をとるべきかを適切に判断していくことが求められている。

そして、金融事業者が本原則を採択する場合には、顧客本位の業務運営を実現するための明確な方針を策定し、当該方針に基づいて業務運営を行うこ

とが求められ、自らの状況等に照らして実施することが適切でないと考える原則があれば、一部の原則を実施しないことを想定しているが、その際には、それを「実施しない理由」等を十分に説明することが求められている。

具体的には、本原則を採択する場合、本原則1に従って、
・顧客本位の業務運営を実現するための明確な方針を策定・公表したうえで、
・当該方針に係る取組状況を定期的に公表するとともに、
・当該方針を定期的に見直す
ことが求められている。

さらに、当該方針には、本原則2～7に示されている内容について、
・実施する場合には、原則に付されている（注）も含めてその対応方針を、
・実施しない場合にはその理由や代替案を、
わかりやすい表現で盛り込むことが求められている。

e 内　　容

本原則の内容は、①顧客本位の業務運営に関する方針の策定・公表等、②顧客の最善の利益の追求、③利益相反の適切な管理、④手数料等の明確化、⑤重要な情報の分かりやすい提供、⑥顧客にふさわしいサービスの提供、⑦従業員に対する適切な動機づけの枠組み等から成っている。その詳細は参考資料を参照されたい。

(3) 「顧客本位の業務運営に関する原則」とアパートローン問題

a 問題の所在

平成27年の相続税制の改正によって、平成28年から課税対象が大幅に拡大したことに伴い、アパートローンの需要が全国的に急増している。平成28年

中のアパートローン額は前年を2割上回る3兆8,000億円であって過去最高の数値となっているそうである。この結果、当然であるが、アパートの過剰供給となり、空室率が上昇しサブリース方式をめぐる紛争も増える兆しがある。

金融庁は、アパートローン問題を察知し、平成28年11月から一部の地方銀行を対象にモニタリングを実施し、その実態把握を行っている。

b　金融庁の懸念

上記のような状況下において、金融庁は地域金融行政に関する説明会においてアパートローン等、不動産賃貸業向け貸出について以下のような懸念と要請をしている。

① 現在デフォルト率も低位で推移しており、担保によって債権は保全されていて金融機関の足元の健全性に重大な問題が懸念される状況にはないが、動向については注視している。
② 貸出案件は不動産業者等による持込みが大宗を占めていて借り手が空室発生や賃料低下のリスクについて十分に理解していない状況にある。また、金融機関の融資審査においても、借り手本人の返済能力が重視され必ずしも賃貸物件の収益性に基づいた貸出にはなっていない。
③ 築後年数の経過により、新築物件との競争などにより物件収支が悪化し、条件変更を余儀なくされるケース、賃貸物件からの収入だけではカバーしきれず、(給与等の)他の収入を返済に充てたりしているケースも散見される。
④ 金融機関は、将来的な賃貸物件の需要見込み、金利上昇や空室・賃料低下などのリスクについて、融資審査の際に適切に評価したうえで、それをわかりやすく借り手に伝えるなど、顧客本位の業務運営に努めるようお願いしたい。

加えて、新聞報道(平成29年4月23日付日本経済新聞)によれば、銀行がハウスメーカーから取得している顧客紹介手数料について、手数料分が顧客の

請負代金に上乗せされ、顧客負担が増えている可能性があるところ、顧客紹介手数料を受け取ることは違法ではないが、銀行が過度な手数料獲得に動けば、顧客が不利益を受け、利益相反が生じるとの懸念を金融庁が有しており、当局が銀行に是正を求めるとのことである。

c 金融機関の対応

アパートローン問題は、さまざまな要因が複雑に絡んでいる。まず、節税目的でなされていることである。国は税収を確保するために相続税の基礎控除額を引き下げたにもかかわらず、この目的が達成できないという点である。次に、銀行が顧客紹介手数料を取得することは、銀行の付随業務として金融庁が認めているビジネスマッチング業務であって、手数料はなんら違法性のない業務の対価であるということである。加えて、金融庁は「地方への潤沢な資金供給」を地方銀行に課しており、アパートローンを実行することがこの方針に適合していることである。かかる状況下において、アパートローンのあり方とハウスメーカーから手数料を取得することの是非が顧客本位の業務運営から問われている。

金融機関としては、適切な融資審査を行い、顧客に対し、ハウスメーカーから適正に手数料を取得していることを開示することなどが考えられる。もちろん、ハウスメーカーとの間で手数料加算などが行われているか否かを確認することも重要であろう。

ところで、冒頭に記したように、本原則制定の経緯からすれば、本原則の適用範囲は、投資信託や生命保険などの金融商品であって、アパートローンのような融資審査における対応や建物管理（BM業務）における顧客紹介手数料のあり方などに影響を与えるとは考えられていなかったのではないか。しかし、本原則の適用範囲が特に限定されていないことからすれば、たとえば、不祥事件時の被害を受けた顧客に対する損害金の支払などにも、本原則が適用され、顧客との合意にかかわらず、最も顧客に有利な金額を支払うことなどが求められるのではなかろうか。

第 2 章

アパートの取得と
その後の物件・資金管理

1 アパート取得時における留意点

(1) 建設時における留意点

　アパート事業は、アパートの建設もしくは取得からスタートするもので、地主の土地活用などの場合は、建物を新築することが多い。建物建築にあたっては、都市計画法や建築基準法といった法規制に従って建築することが何よりも重要であり、加えて予定期間内に瑕疵のない建物が建築されることが非常に重要となる。

a　建設業者による特徴と留意点

　建物建設を発注するケースの代表的なものをあげると、ハウスメーカー、建設会社や工務店といったものが考えられる。それぞれの特徴と留意点をあげると、図表2-1のとおりとなる。
　最近の融資においては、顧客と金融機関の関係からアパートを建設するための業者を選別するというよりは、顧客とハウスメーカー等との関係から金融機関を選別する傾向が強くなっている。それだけハウスメーカー等の営業力が強く、顧客発掘がなされているのも実状といえる。しかしながら、金融機関としては、継続的な取引関係のある取引先はもとより、新規取引先も含めたそれぞれの顧客に対して、できる限りお客様目線に立ったアドバイスを提供することが最善と考える。

b　建築着工までの流れ

　図表2-2はオーナーにアパート経営の経験があるような典型的なケースである。オーナーの意思によりアパートを建設する場合は、オーナーの物件

図表2-1　建設業者による特徴と留意点

	特徴と留意点
ハウスメーカー	・現在のアパートローンにおいて相当のウェイトを占めているのが実状である。 ・税務コンサルティングから建設後の建物・賃貸管理まで一括での取組みを行ってくれるところが多い。 ・機能面やデザイン性に優れ、入居者ニーズの高い建物の設計が期待できる。 ・大手企業の場合、資材の量産などが可能であり、コストパフォーマンス面で優位な点が認められる。 ・地場の建設会社や工務店に比べると、建物工事費用に相応の利益相当額が加算されていることがあり、本来であれば発揮できるコストパフォーマンスではなく、工事単価が割高になっていることがある。
建設会社・工務店	・基本的にアパートローンの対象となる建物規模では大手ゼネコンが建設受注するケースは少なく、いわゆる地場の建設会社や工務店が中心となる。 ・会社の業歴や施工実績、設備業者とのつながりの強さなどを確認しながら、信頼度の高い業者であるか判断する。 ・在来工法（オープン工法）による受注が可能で、土地の形状などにあわせた柔軟な設計での建物建築が可能となる。

に対する希望（外観や間取り、予算）があり、銀行への相談等により資金のメドをつけたうえで、このオーナーの希望にあわせて設計者を選定し設計・設計監理業務を依頼する。

　このケースでは金融機関が計画段階から関与できるため、アドバイスしながら事業性の評価・審査を進め、与信を決定できる。

　設計ができた時点で施工業者を募る。複数社によりコンペを実施する、あるいは建築費見積書をとり、業者選別を行うことが合理的と考えられる。なお設計者と工事業者は同一のケースもある。

　ハウスメーカーや建設会社が主導する場合（図表2-3参照）、もちろんオーナーの希望や予算をある程度反映させながら基本設計を立てることには

図表2-2 一般的な建築着工までの流れ

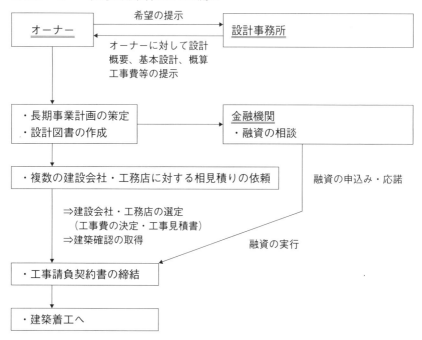

なるが、オーナーによってはアパート事業の経験がないことも多いため、この場合には企画・設計についてもハウスメーカー等が主導することがある。したがって、建物の間取りや規模を含めたプランニング、事業収支の確実性の吟味といった点に加えて、工事代金の妥当性についても金融機関が検討することが重要となる。

建物建設にあたっては、業者が相談業務として無償で受けてくれる範囲と、実際に費用が発生する範囲を事前に確認しておく必要がある。最近では、建築受注競争が激しいため、かなりの部分をサービスとして提供されることが増えているが、建築計画を立てるうえで費用の発生する業務範囲を確認しておくことは重要である。

図表2-3 ハウスメーカー等が主導的な役割を果たす際の建築着工までの流れ

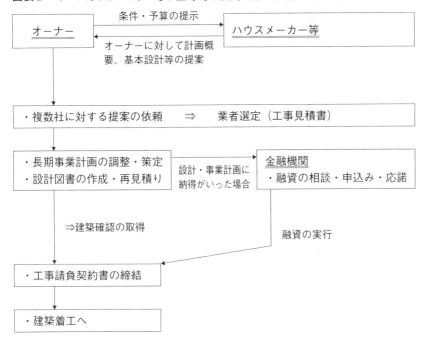

c 建設工事見積書・請負契約書をみるうえでの注意点

　建物建設の場合には、建物の建築代金に加え、当然にして設計に対する対価があり、またこのとおり建物の建設が行われるかチェックする監理が必要となる。建築工事費用の内訳をみると、おおむね図表2-4のとおりとなる。

　建物は建設する建物の躯体やグレード、面積、建築する地域によりその単価に差異が生ずることが多いが、金融機関としては、建設事例を複数収集しておおむね地域・躯体ごとの単価水準を把握しておき、審査や建物価格の査定にあたって活用する必要がある。

図表2-4　工事請負契約書の様式例

項　目	金額（円）
躯体工事費	
仕上げ工事費	
設備工事費	
付帯工事費　　　屋外配管工事費 　　　　　　　　その他工事費	
解体費	
地盤改良工事費	
予備費用	
その他諸費用	
建築請負金額合計	
消費税額	
工事代金合計	

d　建物の設計

　建物の設計は、工事業者が設計・施工を一括受注するケースと、設計・監理と工事を別に行うケースがある。最近ではサブリース方式が多いため、工事業者が一括受注するケースも多いが、個人が建設を行う場合については工事請負契約とは別に設計契約を締結し受注することが多い。

　建物は一度建てると容易に構造や間取りが変更できるものではない。したがって賃貸料収入が最大限かつ長期にわたって安定的に確保できる間取りや戸数を検討したうえで、設計を依頼する必要がある。

e　建築確認

　設計を行った建物については、建築確認の審査機関（かつては市町村または都道府県の建築指導課などが担当していたが、現在は民間会社が審査機関の中

心的存在となっている）による審査を経て適法であると判断されることで、建築確認を取得し、実際の建築をスタートさせる。そもそも敷地には、市街化区域に所在する土地については用途地域が指定され、同時に建ぺい率や容積率といった建物の建設についての規制が用意されている。またこれに加え、建築には建築基準法等に規定するさまざまな技術基準などにも合致していることが求められる。

建物の設計は建築士事務所が設計図面を作成することになるが、必ず建築確認の審査機関で建築確認を取得することが必要となる。金融機関が建物建築資金を融資する場合においては、必ず建築確認が取得できているかチェックする必要がある。

f　中間検査・工事完了検査

建築確認を取得した後、建物工事が着手される。実際に完成した際には、建物の使用開始前に工事完了検査を受けることとなる。なお工事完了検査を受けると「完了検査証」が発行されることとなる。

3階建て以上の共同住宅（もしくは特定行政庁に指定された建物の場合）については、建築確認申請の図面どおりに工事が進んでいるかどうかを確認するため、指定確認検査機関（または役所）からの中間検査を受ける。この中間検査の合格証がないと、そこからの工事が進行できないこととなる。

(2)　既存物件購入の場合の留意点

建物の新築ではなく、既存物件を購入するケースも考えられる。相続税対策というと、地主の土地活用による建物の建設を思い浮かべがちではあるが、近年は既存物件の購入で借入れを起こすケースも増えている。

この場合、建物未完成によるリスクは少ないが、合法性の確認、建物の現況（劣化状況、管理状況）の確認、緊急修繕の要否・内容の確認等が必要になる。特に、建物の現況確認や緊急修繕の判断については専門性を要し、金

融機関職員には荷の重い分野である。

a　合法性の確認における留意点

　まず、対象物件が合法的な建築物であるかどうかという点をチェックする必要がある。これに関しては、かなりのところまで金融機関職員でも対応することができる。

　既存物件も金融機関は担保として取得するため、建物は当然合法な物件でなければいけない。このために、まず購入前に建築確認通知と検査済証を確認のうえ、その写しを取得することが不可欠となる。なお、この内容については行政機関でも確認することができ、通知書等の記載内容の整合性を確かめるために、記載事項証明書等の書類を取得することもできる。

※建築確認通知および検査済証を取得しているかの確認
　市町村または都道府県の建築指導課等で調査することができ、多くの役所では取得内容を記載した「台帳記載事項証明書」を取得することができる。なお、これについては一定の手数料を支払えば第三者でも取得ができる（建築時期が古い場合等でとれない場合もある）。
　このほか、建築確認の概要書という敷地図面等が記載されたものを閲覧、あるいは複写できることがあるが、これについては保存期間が短いため古い建物の場合は閲覧できないことが多い。

　なお、前出の建築確認と検査済証は建築物に加え、昇降機（エレベーター・エスカレーター）がある場合は、これにも発行される。

　既存物件の場合、ごくまれではあるが、建築確認を取得しておきながら検査済証を取得していないケースがみられる。これはなんらかの違法行為を行っている可能性がある。よくある例では、駐車場として設計されているにもかかわらず、店舗や居室に改装しているケースがあげられる。したがって、これらの書類があるからといって、直ちに合法建物かどうかの判断はつ

きにくい点は注意したい。

b　建物の現況確認、緊急修繕の判断等について

前に述べたとおり、建物の現況確認や緊急修繕の判断は金融機関職員には荷の重い分野なので、できれば専門家を活用したい。

証券化される不動産の場合は、エンジニアリングレポート（通称：ER）と呼ばれる建物についての調査・診断などを行った書類を外部機関に作成依頼して判断することができる。ただしこの作成にはかなりのコストがかかるため、アパートの場合、物件金額の大きさや融資残高からみてこのコスト負担に耐えられない側面があり、ここまで実施するのは、高額・大型マンションの場合を除いて、現実的ではない。

多くのアパートについては、コスト的にみて、「既存建物状況調査（通称：インスペクション）」が有効であると思われる。

平成28年宅地建物取引業法改正により、既存住宅の取引において中立的な第三者である既存建物状況調査技術者登録のある建築士（通称：インスペクター）によるインスペクションが、不動産取引に組み込まれた。

金融機関は、このインスペクションの提出を債務者に義務づければよいと思われる。インスペクションの調査は、ERの場合よりもリーズナブルな料金で可能なので、提出を求めて内容をチェックすれば、債務者も金融機関も不安を軽減できる。

さらに、仮にインスペクションの調査取得を行ったとしても、物件引渡し後に隠れた瑕疵が発見されるリスクはあるので、後に述べる「既存住宅売買瑕疵保険（瑕疵保険）」への加入も考えられる。債務者も安心であるし、金融機関にとっても債権保全に貢献する。

緊急修繕の判断については、ERには当該事項記載部分があり、インスペクションではオプションで修繕費用概算の追加調査が可能なので、これらを活用するとよい。

c　ERとは

ERは証券化不動産や大型の投資用不動産の売買の際に作成されることが多いもので、建物の状況を把握するための専門家による調査書類である。

①　作成会社と準拠基準

ERは、通常ゼネコンや建物調査会社、一級建築士事務所等が作成するものである。一級建築士をはじめ有資格者が関与して作成される。作成における準拠基準には、公益社団法人ロングライフビル推進協会（BELCA）と一般社団法人日本ビルヂング協会連合会が策定した「不動産投資・取引におけるエンジニアリング・レポート作成に係るガイドライン」があり、これをみるとERとは、次の4つの報告書が一体化したものを指している。

□建物状況調査報告書（図表2－5参照）
□建物環境リスク評価報告書
□土壌汚染リスク評価報告書
□地震リスク評価報告書

---

②　記載内容

(ⅰ)　建物環境リスク評価報告書

建物が人体などに対して影響を与える環境基準に適合しない事項がないか記載するもので、通常は、アスベスト使用箇所の存在の有無、PCB油が混入されているトランスの存在の有無とその保管状況を目視とヒアリング等で評価実施した結果が記載されている。

(ⅱ)　土壌汚染リスク評価報告書

敷地についての土壌汚染の有無、可能性についての調査結果が記載されるもので、通常は地歴調査や周辺の土地利用動向調査を行い、土壌汚染の可能性を調べた結果について記載したものである。いわゆるPhase1調査のものが一般的で、より詳細な調査を行う場合には、土壌浄化方法の策定を含め

図表2-5　ERの建物状況調査報告書

立地や建築・設備の概要	位置や構造、電気・給排水・衛生設備、昇降機の概要
設備等の更新・改修履歴	建築後の更新修繕履歴と今後の計画
構造概要・設計基準	構造とこれに対する性能評価、設計に対する性能評価等
適　法　性	建築確認・検査済証の有無、建築基準法等への準拠状況、既存不適格箇所の存在、是正の必要性の指摘
緊急修繕更新費用	直ちに修繕・更新が必要な箇所の指摘と費用の査定
短期および長期修繕更新費用	長期修繕計画に基づく修繕・更新費用
再調達価格	現時点において対象建物を再建築した場合の価格（設計・監理料は含まない価格）

た、外部への委託を行うことが多い。

(ⅲ)　地震リスク評価報告書

ERには、地震による予想最大損失（PML）について調査を行った結果が記載される。すなわち建物の耐震性能を詳細に分析したものではなく、耐震診断を行う場合は、構造計算専門の事務所に設計時の構造計算書などを持ち込み、別途調査が必要となる。したがって、この地震リスク評価報告書には耐震補強などに関する記載はない。

では、このERは、建物の合法性などの判断にどのように使えるものであるか考えてみたい。まず、「建築確認・検査済証の取得状況」が記載されており、これらの取得が行われているかについて書面による審査を行うとともに、その後の使用に違法性がないかといった観点について設計図書をみながら目視などを行った調査結果が記載されている。次に、改装、一部増築などが行われている場合において、新たな建築確認取得が必要であったかなど、

その合法性について調査がなされている。

　最後に、既存不適格箇所をチェックしている箇所がある。既存不適格は違法建築ではないことから、直ちに是正が必要なものではないが、将来的には現行法基準にできるだけ近づける努力は必要であり、この箇所について認識しておくことは重要であると考える。

d　インスペクションとは

　インスペクションは、平成28年の宅地建物取引業法改正により、平成30年春より、アパート・マンションを含む既存住宅の取引に組み込まれることになった、建物の状況を把握するための専門家による調査書類である。

　既存住宅の取引にあたり、媒介業者は、インスペクションの有無と、インスペクションがある場合にはその概要を重要事項説明の対象にしなければならない。そして、インスペクションがない場合には、媒介業者は売主と買主にインスペクションの要否を聞かねばならず、どちらかが必要だと応じた場合には、インスペクターをあっせんしなければならない。

① 　作成者と準拠基準

　インスペクションは、インスペクターが調査・作成する。作成における準拠基準は、国土交通省が定める「既存住宅状況調査方法基準」である。後述の「瑕疵保険」利用を検討する場合には、瑕疵保険調査資格を併せ持つ一級建築士事務所に調査・作成を依頼する必要がある。

② 　調査記載内容等

　図表2−6の「インスペクション報告書」サンプルを参照されたい。これは、後述する「瑕疵保険」利用のための調査を兼ねることのできるインスペクションであり、これを取得して審査を受け問題なければ「瑕疵保険」を利用できる。インスペクションの記載事項は「既存住宅状況調査方法基準」に建物の規模別・構造別に定められている。

図表2-6 「インスペクション報告書」サンプル
　　　　　（株式会社三友システムアプレイザル提供）

発行番号 : 00000000
発　行　日 : 平成●年●月●日

インスペクション報告書

※写真挿入部

SANYU APPRAISAL

株式会社 三友システムアプレイザル
一級建築士事務所

〒102-0093
東京都千代田区平河町一丁目2番10号
平河町第一生命ビル 4階
TEL03-5213-9767　FAX03-5213-9765

当社は検査事業者として第三者性を堅持し、特定者が優位になる報告や事実と相違する報告を行う等、顧客を誘導する行為は決して致しません。尚、当社は検査業務の他に不動産仲介業務を行っている為、本物件以外の他物件をご依頼主に仲介することも事実上可能となりますが、これを故意に行う事は決して致しません。

■検査業務の実施概要

依 頼 主	
立 会 者	
検査事業者	名　称　株式会社 三友システムアプレイザル 検査員
検査実施日	平成　　年　　月　　日
検査実施時間	●●:●● ～ ●●:●●　　天候

■対象建物の概要

所 在 地	確認方法：
構造・工法	確認方法又は確認できなかった理由：
階　数	確認方法又は確認できなかった理由：
規　模	確認方法又は確認できなかった理由：
建築時期	確認方法又は確認できなかった理由：
リフォーム等の実施状況	確認方法又は確認できなかった理由：

※上記「確認方法」には下記該当番号を記載

確認方法

1. 新築時の設計図書
　設計図書名：□建物配置図　□各階平面図　□立面図　□矩計図　□断面図　□耐力壁に関する図面
　　　　　　　□その他（　　　　　　　　　　　　　　　　　　　　　　　　　　　　　　　　　）
2. 改修工事の設計図書・内訳書等
　設計図書名：□建物配置図　□各階平面図　□立面図　□矩計図　□断面図　□耐力壁に関する図面
　　　　　　　□その他（　　　　　　　　　　　　　　　　　　　　　　　　　　　　　　　　　）
3. 建築確認済証　　4. 完了検査済証　　5. 建築確認台帳記載事項証明　　6. 建物登記簿謄本
7. その他（　　　　　　　　　　　　　　　　　　　　　　　　　　　　　　　　　　　　　　　）

■検査に関する留意事項

1. 本報告書は、ご依頼主指示による「助言」を目的とした簡易的な建物検査結果を報告するものであり、本報告書に起因してご依頼主又は第三者に発生する損害等について弊社は一切の責任を負いかねます。
2. 本報告書は、ご依頼主等から提示された資料や聴取内容のみを基にして現地の検査を行い作成したものです。したがって、これらの資料(設計図書を含む)及び聴取結果の正確性については把握しておらず、これらの資料及び聴取結果に基づく事項の正確性については保証しかねます。
3. 隣地や隣家との距離が狭小である場合、床下・小屋裏等の点検口が無い場合、容易に移動させられない家具が有る場合等、検査対象建物の状況によっては、対象である箇所の検査が実施できない可能性があります。
4. 本検査は、到達可能な地点から目視可能(家具等を移動しない状態)な代表箇所の調査を行う事により、主として「構造耐力上の安全性に問題のある可能性の高いもの」及び「雨漏り・水漏れが発生している、又は発生する可能性の高いもの」に係る劣化事象等の存在を確認するものであり、建物全体に劣化事象等が無い事を保証するものではありません。
5. 本検査は、「建築基準関係法令等への適合性」「瑕疵の有無」「性能の程度」を判定するものではありません。
6. 本報告書の一部または全部を無断で複製、転載、加工、模又は偽造する事を禁じます。
7. 本報告書について、ご依頼者以外の方から説明を求められても、弊社はこれに応じません。
8. 本検査に付随して概算修繕費用の見積もりならびに改修工事の方法等を提示する場合がありますが、これらは検査報告書の内容とは別であり、参考情報として提供するものです。従って、施工業者のそれと差異が生じる可能性があります。

部位・事象別検査結果

部位等	確認	検査項目			劣化事象等	
					a.認められない	b.認められる
(1) 基礎	□① □② □③ □④ □⑤	仕上材	□ コンクリート直仕上	著しいひび割れ　[幅　　　　]mm	□	□
				著しい欠損　　　[深さ　　　]mm	□	□
				その他の事象	□	□
			□ モルタル等塗り仕上	著しいひび割れ・欠損	□	□
				著しい浮き・剥がれ	□	□
				その他の事象	□	□
			□ その他の仕上	[　　　　　　　　　　　　　　]	□	□
		鉄筋本数の不足(RC造の外壁等を含む)			□	□
		□ 省略(「大規模RC造等以外で同部位他項目に劣化事象無し」等)				
		コンクリート圧縮強度の不足(RC造の壁を含む)			□	□
		□ 省略(「大規模RC造等以外」等)				
		概要				

部位等	確認	検査項目			劣化事象等	
					a.認められない	b.認められる
(2) 壁、柱及び梁のうち屋外に面する部分	□① □② □③ □④ □⑤	仕上材	□ コンクリート直仕上	著しいひび割れ　[幅　　　　]mm	□	□
				著しい欠損　　　[深さ　　　]mm	□	□
				その他の事象	□	□
			□ モルタル等塗り仕上	著しいひび割れ・欠損	□	□
				著しい浮き・剥がれ	□	□
				その他の事象	□	□
			□ サイディング等板状仕上	著しいひび割れ・欠損	□	□
				著しい剥がれ・ずれ	□	□
				著しい腐食(金属製に限る)	□	□
				その他の事象	□	□
			□ タイル等	著しいひび割れ・欠損	□	□
				著しい浮き・剥がれ	□	□
				その他の事象	□	□
			□ その他の仕上	[　　　　　　　　　　　　　　]	□	□
		シーリング材		破断	□	□
				接着破壊	□	□
		概要				

※「確認」欄は、部位毎に確認出来た程度を示し、①~⑤の区分は以下のとおりとなります。
①9割以上を確認　②5割以上9割未満を確認　③1割以上5割未満を確認　④1割未満を確認　⑤全く確認出来ない

部位・事象別検査結果

部位等	確認	検査項目		劣化事象等	
				a.認められない	b.認められる
(3)屋根	□① □② □③ □④ □⑤	仕上材	□ 粘土瓦、プレスセメントがわら、住宅屋根用化粧スレート	著しいひび割れ・欠損	□	□
				著しい剥がれ・ずれ	□	□
				その他の事象	□	□
			□ 金属系屋根ふき材（基材が鋼板であるものに限る）	著しい腐食	□	□
				その他の事象	□	□
			□ アスファルト防水（保護層のあるもの）	保護層の著しいせり上がり（コンクリートであるものに限る）	□	□
				その他の事象	□	□
			□ アスファルト防水（保護層のないものまたは改質アスファルト）	防水層の著しい劣化	□	□
				ルーフィング接合部の剥離	□	□
				その他の事象	□	□
			□ シート防水	防水層の著しい劣化	□	□
				シート接合部の剥離	□	□
				その他の事象	□	□
			□ 塗膜防水	防水層の著しい劣化	□	□
				その他の事象	□	□
			□ その他の仕上	[ ]	□	□
概要						

部位等	確認	検査項目		劣化事象等	
				a.認められない	b.認められる
(4)バルコニー □ 該当部位なし	□① □② □③ □④ □⑤	床防水層の著しい劣化		□	□
		支持部分の著しい欠損		□	□
		支持部分の著しい腐食等		□	□
		床の著しい沈み		□	□
		床の著しい欠損		□	□
		床の著しい腐食等		□	□
		手摺 □ 該当部位なし	著しいぐらつき	□	□
			著しい腐食等（手摺支持部分を含む）	□	□
		漏水等の跡（上裏）		□	□
概要						

※「確認」欄は、部位毎に確認出来た程度を示し、①〜⑤の区分は以下のとおりとなります。
①9割以上を確認 ②5割以上9割未満を確認 ③1割以上5割未満を確認 ④1割未満を確認 ⑤全く確認出来ない

部位・事象別検査結果

部位等	確認	検査項目		劣化事象等	
				a.認められない	b.認められる
(5) 軒裏 □ 該当部位なし	□① □② □③ □④ □⑤	仕上材	モルタル等塗り仕上	著しいひび割れ・欠損	□	□
				著しい浮き・剥がれ	□	□
				その他の事象	□	□
			サイディング等板状仕上	著しいひび割れ・欠損	□	□
				著しい剥がれ・ずれ	□	□
				著しい腐食(金属製に限る)	□	□
				その他の事象	□	□
			□ その他の仕上	[ ]	□	□
		漏水等の跡			□	□
		シーリング材		破断	□	□
		□ 該当部位なし		接着破壊	□	□
		概要				

部位等	確認	検査項目	劣化事象等	
			a.認められない	b.認められる
(6) 雨樋 □ 該当部位なし	□① □② □③ □④ □⑤	破損	□	□
		その他の事象	□	□
		概要		

部位等	確認	検査項目		劣化事象等	
				a.認められない	b.認められる
(7) 開口部(雨戸及び網戸を除く)	□① □② □③ □④ □⑤	建具の著しい開閉不良		□	□
		転落防止用手すり □ 該当部位なし	手すりの著しいぐらつき	□	□
			手すり・支持部分の著しい腐食等	□	□
		概要			

※「確認」欄は、部位毎に確認出来た程度を示し、①~⑤の区分は以下のとおりとなります。
①9割以上を確認 ②5割以上9割未満を確認 ③1割以上5割未満を確認 ④1割未満を確認 ⑤全く確認出来ない

部位・事象別検査結果

部位等	確認	検査項目			劣化事象等	
					a.認められない	b.認められる
(8) 床	□① □② □③ □④ □⑤	仕上材	□フローリング等	著しいひび割れ・欠損	□	□
				著しい剥がれ	□	□
				その他の事象	□	□
			□タイル	著しいひび割れ・欠損	□	□
				著しい剥がれ	□	□
				その他の事象	□	□
			□畳	著しい腐食等	□	□
			□その他の仕上	[ ]	□	□
		著しい沈み			□	□
		著しい傾斜(6/1000以上)			□	□
(9) 壁、柱及び梁の うち屋内に面す る部分	□① □② □③ □④ □⑤	仕上材	□モルタル等塗り仕上	著しいひび割れ・欠損	□	□
				著しい浮き・剥がれ	□	□
				その他の事象	□	□
			□化粧石こうボード等 板状仕上	著しいひび割れ・欠損	□	□
				著しい剥がれ	□	□
				著しい腐食	□	□
				その他の事象	□	□
			□タイル	著しいひび割れ・欠損	□	□
				著しい剥がれ	□	□
				その他の事象	□	□
			□壁紙等	著しいひび割れ・欠損	□	□
				その他の事象	□	□
			□その他の仕上	[ ]	□	□
		壁・柱の著しい傾斜(6/1000以上)			□	□
		漏水等の跡			□	□
(10) 天井	□① □② □③ □④ □⑤	仕上材	□化粧石こうボード等 板状仕上	著しいひび割れ・欠損	□	□
				著しい剥がれ	□	□
				著しい腐食	□	□
				その他の事象	□	□
			□壁紙等	著しいひび割れ・欠損	□	□
				その他の事象	□	□
			□その他の仕上	[ ]	□	□
		漏水等の跡			□	□

概要

※「確認」欄は、部位毎に確認出来た程度を示し、①~⑤の区分は以下のとおりとなります。
①9割以上を確認 ②5割以上9割未満を確認 ③1割以上5割未満を確認 ④1割未満を確認 ⑤全く確認出来ない

部位・事象別検査結果

部位等	確認	検査項目		劣化事象等	
				a.認められない	b.認められる
(11) 階段 □ 該当部位なし	□① □② □③ □④ □⑤	踏面	著しい沈み	□	□
			著しい欠損	□	□
			著しい腐食等	□	□
		手摺 □ 該当部位なし	著しいぐらつき	□	□
			著しい腐食等(手摺支持部分を含む)	□	□
概要					

部位等	確認	検査項目	劣化事象等	
			a.認められない	b.認められる
(12) 小屋裏 □ 該当部位なし	□① □② □③ □④ □⑤	構造部材の著しいひび割れ・欠損	□	□
		漏水等の跡	□	□
		断熱材の有無	□	□
		その他の事象	□	□
概要				

部位等	確認	検査項目	劣化事象等	
			a.認められない	b.認められる
(13) 床下 □ 該当部位なし	□① □② □③ □④ □⑤	土台・床組の著しいひび割れ・欠損	□	□
		断熱材の有無	□	□
		その他の事象	□	□
概要				

※「確認」欄は、部位毎に確認出来た程度を示し、①〜⑤の区分は以下のとおりとなります。
①9割以上を確認 ②5割以上9割未満を確認 ③1割以上5割未満を確認 ④1割未満を確認 ⑤全く確認出来ない

部位・事象別検査結果

部位等	確認	検査項目		劣化事象等	
				a.認められない	b.認められる
(14) 給水設備(配管) □ 該当設備なし		漏水		□	□
		赤水		□	□
		給水流量の不足		□	□
(15) 給湯設備(配管) □ 該当設備なし		漏水		□	□
		赤水		□	□
概要					

部位等	確認	検査項目		劣化事象等	
				a.認められない	b.認められる
(16) 排水設備(配管) □ 該当設備なし		漏水		□	□
		排水の滞留		□	□
		浄化槽 (地上に存する 部分に限る)	本体部分 著しい損傷	□	□
			著しい腐食	□	□
			ぱっ気装置 作動不良	□	□
概要					

部位等	確認	検査項目	劣化事象等	
			a.認められない	b.認められる
(17) 機械換気設備 □ 該当設備なし		作動不良	□	□
		ダクトの脱落	□	□
概要				

※「確認」欄は、部位毎に確認出来た程度を示し、①～⑤の区分は以下のとおりとなります。
①9割以上を確認 ②5割以上9割未満を確認 ③1割以上5割未満を確認 ④1割未満を確認 ⑤全く確認出来ない

e　瑕疵保険とは

　既存住宅売買瑕疵保険は、平成22年4月以降、国土交通大臣が指定した住宅瑕疵担保責任保険法人で、取扱いが始まっている。

　この保険を利用すれば、既存住宅に一定の瑕疵があったときにその補修費用等が保証される。保証の対象となるのは構造耐力上主要な部分、雨水の侵入を防止する部分などで、補修費用のほか、調査費用、補修工事中の転居・仮住まい費用等も支払われる。

　インスペクションの調査会社がこの瑕疵保険の調査会社になっていて、インスペクションが瑕疵保険の調査を兼ねることができれば、インスペクションをもって瑕疵保険の調査が完了し、晴れて瑕疵保険の対象となる。当該調査会社が瑕疵保険を背景に保険対象事項を保証し、有事には保証が履行される。

　この保険を利用すれば、既存住宅を購入する際の買主＝新オーナーの不安が軽減され、金融機関にとっては債権保全に資することになる。

f　既存物件が売りに出る背景

　既存物件が売りに出されている場合、どのような背景で持主が売却することにしたかを入念に調べることが望ましい。一般的な背景としては「換金」があり、現金化が必要であれば売却はやむをえないものと考える。また投資の「手仕舞い」という考え方もあると思われる。手仕舞いを行うのは、価格が下落傾向にあり今後追加的なロスが発生する可能性が高い場合や、想定以上に高く売れる状況になったので利益確定をねらったものがあると思料される。

　加えて注意したいのは、既存物件が売りに出されている場合、当該物件についてなんらかの問題が含まれていることが多いという点である。物的な側面はよくチェックすることで問題を見つけるしかないが、想定よりも収益があげられなくなったことや近いうちに大規模修繕を行う必要がある場合など

も考えられ、注意深くチェックをする必要がある。

g　既存物件のよい面と注意点

　既存物件のよい面は、何よりも賃貸がすでに行われており、賃料と費用面でのトラックレコードが存在する点である。新築の場合はしっかりとしたマーケティングのもと予測を行わなければならないが、既存物件の場合、前所有者などから実績値を教えてもらうことで、収支計算の見通しが立てやすい。また工事期間がないことから、直ちに収入が獲得できるという点もよい。更地から建物を建築し、現実に賃借人が入居するまで相当の期間がかかるが、この期間について収益が生み出される点は非常に有利である。

　一方で、売却する側にもなんらかの意図があることを十分考えておく必要がある。入居状況がよくない、獲得賃料が下落傾向という側面は比較的気づきやすいが、周辺に新たな競合物件が建築される見込みであり今後競争劣位になる、地域的に衰退傾向がある、近いうちになんらかの大規模修繕が必要になる等、容易に見抜けないこともあるので注意したい。

(3)　建物についての法的留意点
――主に瑕疵担保責任（住宅品質確保法）

　「住宅の品質確保の促進等に関する法律」（以下「住宅品確法」という）は、建物の新築住宅工事に係る請負契約について、以下の条文のとおり、民法における瑕疵担保責任の特則を定めている。

【住宅品確法】
第94条1項　住宅を新築する建設工事の請負契約（以下「住宅新築請負契約」という。）においては、請負人は、注文者に引き渡した時から10年間、住宅のうち構造力上主要な部分又は雨水の浸入を防止する部分として政令で定めるもの（次条において「住宅の構造耐力上

主要な部分等」という。)の瑕疵(構造耐力又は雨水の浸入に影響のないものを除く。次条において同じ。)について、民法第634条第1項及び第2項前段に規定する担保の責任を負う。

建物請負における瑕疵担保責任とは、建物が完成し、引渡しがなされた目的物(建物)に契約で定められた内容どおりではない不完全な点があった場合、請負人が負わなければならない責任である。アパート事業の建設は、新築集合住宅に係る請負工事契約であることから、同法に基づく瑕疵担保責任の内容や効果が問題となる。したがって、ここではこの瑕疵担保責任について説明する。

a 対象となる瑕疵

上記条文によれば、瑕疵担保責任の対象となる瑕疵は、住宅の構造耐力上重要な部分または雨水の浸入を防止する部分の瑕疵のうち、構造耐力または雨水の浸入に影響のあるものとされている。

なお、上記条文にある「政令で定めるもの」とは、同法施行令によって次のように定められている。

【住宅品確法施行令】
第5条 法第94条第1項の住宅のうち構造耐力上主要な部分として政令で定めるものは、住宅の基礎、基礎ぐい、壁、柱、小屋組、土台、斜材(筋かい、方づえ、火打材その他これらに類するものをいう。)、床版、屋根版又は横架材(はり、けたその他これらに類するものをいう。)で、当該住宅の自重若しくは積載荷重、積雪、風圧、土圧若しくは水圧又は地震その他の震動若しくは衝撃を支えるものとする。
 2 法第94条第1項の住宅のうち雨水の浸入を防止する部分として政令で定めるものは、次に掲げるものとする。
  一 住宅の屋根若しくは外壁又はこれらの開口部に設ける戸、わく

　　　　その他の建具
　　二　雨水を排除するため住宅に設ける排水管のうち、当該住宅の屋根若しくは外壁の内部又は屋内にある部分

b　責任の内容

　住宅品確法は、上記のとおり、民法634条1項および2項前段に規定する担保責任を請負人に負わせている。民法の瑕疵担保責任は次のとおりである。

【民法】
第634条　仕事の目的物に瑕疵があるときは、注文者は、請負人に対し、相当の期間を定めて、その瑕疵の修補を請求することができる。ただし、瑕疵が重要でない場合において、その修補に過分の費用を要するときは、この限りでない。
2　注文者は、瑕疵の修補に代えて、又はその修補とともに、損害賠償の請求をすることができる。この場合においては、第533条の規定を準用する。

　住宅品確法と民法の規定によれば、請負人は注文者に対し、注文者の選択に従って、次のような責任を負うことになる。
① 瑕疵修補義務
② 瑕疵修補義務にかわる損害賠償義務
③ 瑕疵修補義務とともに負う損害賠償義務

c　責任の期間

　請負人の瑕疵担保責任の有効期間は、建物の引渡し時から10年間である。

d　瑕疵担保責任に反する特約の効力

住宅品確法94条2項によれば、同条1項の規定に反する特約で注文者に不利益なものは、無効とされている。したがって、たとえ当事者間で瑕疵担保責任の有効期間を5年間とするというような特約を締結しても、このような条項は無効であって、請負人は10年間責任を負わなければならない。

2 いわゆる「サブリース方式」の実状と留意点

(1) いわゆる「サブリース方式」とは

　サブリース方式は、一般に不動産オーナーが賃貸管理会社に対して物件を一括賃貸し、管理会社がエンドユーザーに再賃貸（転貸）する形式をいう。この賃貸借形態は、オフィスビル、商業テナントビルなどでよく採用されているものであるが、賃貸住宅でも近年多く採用されている。その割合をみると、サブリース事業者協議会の会員事業者のサブリース総管理戸数は約200万戸となっており、全国の民間賃貸住宅戸数約1,580万戸のおよそ13％を占めている（平成29年4月現在）。

　「サブリース方式」と呼ばれているが、正確にはオーナーから賃貸管理会社に一括賃貸を行う「マスターリース契約」と、賃貸管理会社から各入居者への転貸を行う「サブリース契約」を一括したものを指す（図表2－7参照）。

　オフィスビルや商業ビルについて、建設会社などが建物建設と一括賃貸を一体で提案するケースが多いものの、一括賃貸のみを請け負うケースも多くみられる。近年の証券化不動産では、賃料の安定性を図る意味でマスターリース契約を締結するケースが多い（図表2－8参照）。

　一方で、アパートの場合、建物一括賃貸を専業とする業者は少なく、基本的には建物建築から、建物管理（BM業務）、一括賃貸を含めた賃貸管理（LM

図表2－7　サブリース方式

図表2-8 アパート事業運営での「サブリース方式」の特徴

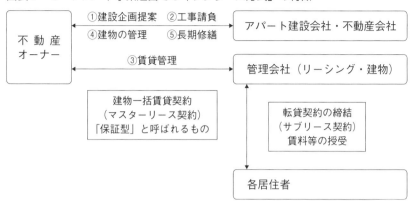

業務)、大規模修繕（CM業務）を丸抱えするパッケージ型のものが大半となっている。したがって、サブリース方式を前提としたハウスメーカー（あるいは関係会社を含めて）とオーナーとは、不動産建設・管理・運営において一蓮托生の関係になる。

(2) 「サブリース方式」の利点
（手間からの解放と収入の「保証」）

　アパートの運営は一種の事業であり、オーナーは入居者確保や建物管理、商品維持のための大規模修繕といった相応の負担が必要となり、これにあわせた運営計画・戦略を常に立てたうえで行動する必要がある。ただ、これをオーナーが一手に引き受けることは負担が大きく、また相続税対策のためのオーナーの場合には高齢者も多いため現実的ではない。

　この点では「サブリース方式」を採用すると、建物建設から入居者募集、管理等を一括で外注できるため、特に不動産事業に熟知していない地主や不動産投資を初めて行うサラリーマン層などにとってみると、メリットが大きいものと考えられる。

ある意味「サブリース方式」が定着していなかったら、現在のように相続税対策でアパートを建設することは多くなく、サラリーマン層等が副業で投資用不動産を購入できる可能性も小さかったかもしれない。

加えて、一括賃貸借契約はそれぞれ内容が異なるが、ある程度長期で締結されるケースが大半で、その間において賃料改定が行われなければ、収益の安定確保につながる。ハウスメーカーの広告などではこの点を非常に強調している面があるが、たしかに利点は多い。

(3) 「サブリース方式」における留意点

「サブリース方式」を採用しておけば、アパート経営は万全なものであるといえるのかどうか。この点にはいくつかの留意すべき事項がある。

特に「サブリース方式」のアパートが増えてくるなかで、①賃料「保証」という点はどこまで確実なものであるか、②賃貸借契約を継続するために必要となる建物の一括管理や大規模修繕費用などについて留意しておくべきポイントは何か、といった点でいくつか問題点がみられる。

そもそも賃料を「保証」といっても、これを永久に保証する形態は現状では存在しない。過去において発生したいわゆる「サブリース訴訟」については後述するが、一括賃貸借契約における賃料設定の改定に関する条項の存在や、契約継続における前提条件に関する条項などが存在する場合は、これらをよくチェックする必要がある。契約内容によっては、安定化していると考えていた賃料が減額されることも発生しかねないため注意したい。

そもそも、ハウスメーカー等が経済合理性に合致しないマスターリース契約賃料を設定してくれるわけではなく、空室発生の十分な可能性、賃料下落の可能性などもふまえたうえで当初の一括賃料が設定される。その点では、リスク面をヘッジしたうえでの一括賃料であり、オーナーにとってマスターリース契約を締結することは、最大収益獲得の可能性と引換えに、収益の安定性確保を選択することを意味する。

(4) 一括賃貸の契約書の熟読の重要性

　ハウスメーカー等が一括受注形態でのアパート建設を勧める際に、「長期契約」「賃料保証」という説明を行うことがある。これについては実際の契約内容を熟読し、何が保証されるのかをよく確認する必要がある。契約内容の熟読なくして、金融機関としてはモニタリングプランが立てられないものと考えたい。

　そもそも、「30年といった長期間にわたって、当初設定の賃料が保証される」と解釈してよいものであろうか。結論からいうと、現在の経済環境においては、このような契約設定は考えにくい。仮に30年間にわたって賃料を保証するという内容の場合、現状設定している賃料が相場賃料に比べて著しく低い、もしくは途中時においてかなり高額な費用をかけて大規模修繕を行うことが要求されている可能性がある。したがって「保証」の内容については十分吟味しなければならない。

　契約書において特に注意したいポイントとしては次のものがある。

□賃貸借契約期間はどのくらいか（当初の賃料据置期間がいつまでか）
□特に長期の場合契約継続のための条件の記載はあるか
□当初の一括賃料はいくらであるか
□賃料改定はどのタイミングで行われるか
□賃料改定において賃貸管理会社が検討する事項は何か
□契約継続のために必要な建物管理契約はあるか
□契約継続のために必要な大規模修繕工事に関する事項はあるか

　不動産投資を継続的に行っている機関投資家や投資事業会社などの場合、契約書面をチェックする専門セクションがある、あるいは弁護士にリーガルチェックをかけて問題点を確認し、場合によっては契約内容の変更を求め

る。一方で、アパートローンの主体となる個人の地主などの場合は、このようなチェック機能を特段もっていないため、十分な検討を行わずに業者からの説明のみで判断してしまうことが多々ありえる。

(5) 特に留意したい事項

一括賃貸契約書を熟読していくなかで特に留意したい事項をまとめると以下のとおりとなる。

a 保証は何に対する保証であるか

ハウスメーカー等の広告ではオーナーに対する「賃貸の保証」という言葉をよくみかける。しかし実際のところ、何に対する保証であるのかという点をよく確認する必要がある。通常、契約書内に保証という文言を用いることは少なく、あくまでも広告や説明上で使われることが多いかと思われる。

冷静に考えればわかるが、たとえば30年間といった長期間にわたっての一括契約を当初賃料で保証するという契約文言が仮にあったとしても、今後のアパートの経年劣化や、将来的な人口動向、昨今の賃料相場からみて、経済合理性で無理があるものといえる。

特に厄介なのはアパートの場合、建築後外観・内装ともに適宜かつ相応のリニューアルを行わないと入居者確保、まして入居者との契約賃料を維持することはかなりむずかしい。また10年程度の期間が経つと、周辺に複数の新たな物件が建設される可能性が高く、これらとの競合が発生し、対象物件での空室が発生することも予想される。

広告が「保証」と呼んでいるものは、まったく意味がないわけではなく、おおむね次の2つのパターンにおける保証が多い（図表2－9参照）。

① 契約期間に対する「保証」

通常、契約期間は契約書上に記載される。たしかに長期のものでは20年～30年程度のものもあり、その点では契約解除条項に従った事態が発生しなけ

図表２−９　何に対する保証か

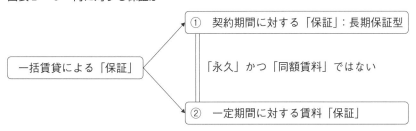

れば原則契約期間は「保証」される。

ただ、このような長期契約の場合、一定期間（通常２年ないしは３年程度が多い）においての賃料改定も同時に記載されている。したがって入居者から当初見込んでいた賃料が入らない、退去が増え空室率が高くなると、当然にしてマスターリース契約賃料の減額改定が要求される。

② 一定期間に対する賃料「保証」

契約期間において、次回の賃料改定期を比較的長くとっているものがこの形態になる。いくつかの契約をみると、５年から10年で改定を行うものが多い。したがって、この期間を過ぎるとその時点における市場賃料にあわせて賃料改定が行われるものと考えておく必要がある。

通常新築から５年程度は十分な競争力があるが、10年を経過するくらいから、新築物件との間での競争力が劣る傾向がある。したがって改定時に契約当初の設定賃料は減額される可能性が高い。

b　契約書を確認する際の留意点

① 賃料改定期の確認

まず、30年等の期間の「保証」をうたう賃貸借契約の場合、２年程度の比較的短い期間における賃料改定条項が付されることが多い。このため、賃料改定の可能性を常に認識しておく必要がある。

注意したいのは、建設を受注するために、業者が当初賃料を高めに設定し収益性を強調するケースである。オーナーに当初高めの賃料を提示すること

で、受注確保を行うなど、営業政策的に相場水準をやや超えたかたちでマスターリース契約賃料を設定することがある。この場合、当然にして入居契約が固まると保証賃料との差が出てくることなる。改定期が短い場合は、すぐ賃料の減額改定を要求してくる。したがって、当初賃料設定が相場よりも割高だといって安心できない。

② 契約更新時の条件の確認

契約期間や賃料改定に加えて、注意したい条項がいくつか存在する。特に注意を要するのが、大規模修繕工事の指定である。長期の契約を保証、あるいは10年間等の当初期間満了からの契約更新にあたって、賃貸管理会社が提案する長期修繕計画に従った建物の修繕・リニューアルの実施を条件にする場合がある。長期修繕計画に従った修繕等を実施する業者は、当初のハウスメーカーの関係会社であるケースが多いが、これは建物の特性などを熟知しているという点では有利と考えられる。ただ、この金額が非常に大きいケースが目立ち、特に同様の工事を第三者の工務店などに依頼すると格安でできるケースも多い。しかしながら、新築時から同様の一括賃貸を選択する場合は、業者からの提案に従わなければならないため、契約書にこの記載がなされていた場合には、経過年数に応じて大きな修繕費用が発生することも頭に入れておく必要がある。

③ 免責期間条項における留意点

アパートの一括契約においては、免責期間の存在も留意しておくべきである。免責期間とは、比較的長期の契約の場合などに、たとえば、新築後60日程度については入居者確保のための準備期間として、管理会社がオーナーに賃料を支払わないという内容のものである。

ただ、実態ではこの期間でも相応の稼働率を確保できるため、オーナーからみるとせっかくの収益を逃している面がある。もちろん、金融機関からみると返済原資の獲得ができないということにもつながる。

免責期間の存在はやむをえないとしても、獲得賃料の一部を支払うような契約条項に変更してもらうなどの方策も考えたい。

(6) 一括賃料の設定水準、その他留意点

サブリース方式を採用した場合と自ら入居者を探した場合の収益性の差異はどの程度か、どのくらいの差異であればサブリース方式を採用することが合理的かという点について少し考えたい。

a 一括賃料の賃料設定

① 賃料合計と一括賃料

アパートが満室である場合の想定賃料合計（サブリース契約賃料合計）に対し、一括賃料（マスターリース契約賃料）は10%～20%は低くなる（図表2－10参照）。

満室稼働想定賃料合計（サブリース契約賃料合計）と一括賃料（マスターリース契約賃料）の差は、近隣アパートの入居率や地域・間取り・仕様・デ

図表2－10 サブリース契約賃料の合計とマスターリース契約賃料の合計との相関関係

各居住者との間の賃料合計 （サブリース契約賃料合計）	一括賃料（マスターリース契約賃料）
	空室発生の可能性を見越した損失相当額
	不動産管理会社の運営費用
	不動産管理会社の利益

※この関係図からみてもわかるように、新築物件におけるマスターリース契約の賃料は、満室時に想定される賃料の合計から、空室の可能性を見越した損失相当額、管理会社の運営費用と利益を差し引く必要があり、通常は満室稼働想定賃料合計より10%～20%低いものになる。

ザイン等の人気度によって差異がある。また、一般に保証期間が長い場合には差が大きく、一括賃料は20％を超えて低くなることがある。

　逆に人気が高くあまり空室が出ないエリアにおいてマスターリース契約を締結することは経済合理性に疑問が残る。賃借人募集等の管理の手間が省けるといった意味でオーナーにとって意義は認められるが、収益獲得をより指向する場合、有利ではない。保証をしないで賃貸の募集管理・入退去を請け負う不動産業者を活用する方法も考えられる。

　もっとも、一般にハウスメーカーなどのパッケージ商品を選択する場合、一括賃貸（賃貸管理）、建物管理、大規模修繕がセットになっていることが通常であるため、切り離しにくい側面はある。しかし、物件建設にあたっては経済合理性からの判断を行っておきたい。このとき金融機関として注意したいのは一括賃料をベースとして考えるのではなく、入居者が支払う賃料がいくらかということである。

② 一括賃料決定の立地的側面

　アパートの立地を大きく分けると3つに分類することができる。

　それぞれにおける一括賃料決定の法則をとらえると、図表2－11のとおりとなる。

　そもそも、アパートの「収益性」を左右する要因は「賃料単価」と「入居率」である。(ハ)のエリアの入居者需要、賃料水準の持続性はたとえば(イ)のエリアに比べてむずかしい面があることを認識する必要がある。一方で、サブリース方式を提案する事業者は、おおむね建物建設受注を最大の目標とすることが多く、このエリアにおいても積極的な営業をかけている。

　そもそもアパートの建築費は(イ)(ロ)(ハ)のエリアを比べてもほとんど変わらない。一方、エリアによってオーナーの負う投資リスクは異なり、(ハ)がいちばん高いものとなる。このリスクについての理解が不十分なまま、アパートを建設してしまうオーナーも多いため、十分に注意する必要がある。

　都心部、都心近接部については、賃料が経年で下がりにくい傾向があり、加えてアパートの建設余地が少なくなっているのも実状である。アパート

図表2-11　一括賃料決定の立地的側面

```
┌─────────────────────────────────────────────┐
│　　　　(ハ)　郊外、鉄道駅からの距離があるエリア　　　　│
│　┌─────────────────────────────────────┐　│
│　│　　(ロ)　郊外、鉄道駅近接・徒歩圏エリア　　　│　│
│　│　┌─────────────────────────────┐　│　│
│　│　│　　(イ)　都心・都心近接エリア　　　　│　│　│
│　│　└─────────────────────────────┘　│　│
│　└─────────────────────────────────────┘　│
└─────────────────────────────────────────────┘
```

エリア分類	一括賃料決定におけるポイント
(イ) 都心・都心近接エリア	・入居需要が強い。 ・競合があっても賃料が下がりにくい。 ↓ 条件設定上、オーナーに有利なものを提示せざるをえない。
(ロ) 郊外、鉄道駅近接・徒歩圏エリア	・入居需要が一定存在する。 ・競合増加で賃料が下がる可能性あり。 ↓ 条件設定上、賃料改定をある程度ふまえたものを提示する。
(ハ) 郊外、鉄道駅からの距離があるエリア	・入居需要が現状はあるが将来的には弱い、現時点でもあまり高くない。 ↓ 条件設定上、賃料改定を前提としたものを提示する傾向

　ニーズがありながら、競合物件が建ちにくいという強みも指摘できる。本来は、サブリース方式を選択せずとも、個々の賃貸を行うことで利益を確保できるものである。

　これに対し、郊外部についてはアパートの建設余地がまだあり、今後競合物件が建つ可能性は高い。当然にして新たにアパートが建設されると、既存

物件の賃料や入居率は影響を受ける。このため、保証賃料見直し時に減額される可能性があることに留意しておかなければならない。

　また、今後人口減少などの要因を考慮すると、交通面で優位なエリアにアパート需要が集約される可能性がある。特に一定規模の都市の場合、交通手段の中心が鉄道であり、駅から離れるエリアについては人口減少・世帯数減少の影響を受ける可能性が高い。このため、保証賃料見直し時に減額される可能性があることを十分にふまえておく必要があり、モニタリングに加え将来予測時においては、入居率や賃料単価において弱含みな視線でみておくことが肝要となる。加えて、学生向けのアパートについては、少子化による学生数減少・下宿者の減少の可能性を十分に留意しておく必要がある。

b　一括賃料、改定期間、空室の状況などからの注意点

　一括賃料と各戸賃料の合計を比較して、以下の状況にある場合は注意したい。

① 　実際に獲得している各戸賃料合計＜一括賃料の場合

　この場合は、今後の改定で賃料が大きく下落することがありうる。モニタリングベースでこの差異がある、あるいは大きい場合においては、デフォルトが発生しないかどうか注意をする必要がある。

② 　一括賃料の賃料改定期間が短い場合（賃料変動リスクをみているケース）

　現状の賃料が妥当かどうかの検討を行う必要がある。当初設定賃料での募集がむずかしい場合などは、不動産管理業者としては弾力的に賃料を変更したいため、この点を考慮して賃料改定期間が短い可能性がある。市場変化、建物の経年劣化による賃料下落の可能性に注意を払うべきである。

③ 　現時点において入居率が悪い場合

　入居率＝不動産の収益に直結する構造であるため、次の賃料改定での賃料下落の可能性があるものと考える必要がある。

(7) 一括賃貸契約をみるうえでの留意事項まとめ

　サブリース方式は、一括賃料を「保証」することから、安定収益獲得が実現できる可能性があり有利な面はある。しかし、いくつかの実例をみると、通常の建築費に比べ割高で販売するケースや、賃料「保証」といっても比較的短期間で賃料の減額改定が行われたケース、さらに建物管理料として通常の維持管理費用よりも高額のコストがかかった例、一定年月を経過すると高額な大規模修繕費用の支払が要求され、この大規模修繕を行わないと賃貸借の継続ができないといった例があることに留意する必要がある。

　したがって、一括賃貸形式であるからといって、賃料の安定獲得が必ず実現できるものではないことを十分に認識したうえで、きちんとしたマーケティングを実施しなければならない。

　加えて、サブリース事業者の業歴・信用もよく調査したい。特に注意したいのは、そもそも入居者ニーズが高くないエリアにおいても建設提案が行われ、一括賃貸による賃料「保証」を打ち出されたことで、建物建設に踏み切ってしまったケースである。たしかに一定期間賃料「保証」は存在するものの、入居率が悪く期待するエンドユーザーからの賃料収入が獲得できないと、マスターリース契約賃料は減額されてしまうことになる。このようなアパートのオーナーは不動産投資経験が浅いケースが多く、ローン返済がうまくいかず、デフォルトが発生する例も全国的に出てきている。

　建築後についてもしっかりと事後管理を行う必要がある。

(8) 確認しておきたい賃料減額請求権（借地借家法32条）との関係

　建物の賃貸借については、民法の賃貸借契約（同法601条～621条）の規定が適用されるほか、「借地借家法」（平成3年法律第90号）が民法の特例を定

め、主に借家人を保護する規定を置いている。

　サブリースとの関係で借地借家法が問題となった事例は、バブル期に締結されたテナントビルのサブリース契約に借地借家法32条の賃料減額請求権の適用があるか否かが争点とされた。以下では、代表的な最高裁判決である平成15年10月21日第三小法廷判決（平成12年（受）第573号、同第574号敷金請求本訴、賃料相当額確認請求反訴事件）を紹介する。

a　事案の概要

1　本訴請求の上告人（以下「第1審被告」という。）は、不動産賃貸業を目的とする資本金867億円余の株式会社であり、我が国不動産業界有数の企業である。他方、本訴事件の被上告人（以下「第1審原告」という。）は、不動産賃貸等を目的とする資本金約2億6000万円の株式会社である。

　第1審原告は、昭和61年ころ、A株式会社からの勧めもあって、東京都文京区の土地上に賃貸用高層ビルを建築することを計画し、同年11月ころ、著名な建築家であるBに建物の設計を依頼し、同年12月ころ、B設計事務所との間で覚書を交わした。第1審原告は、昭和62年6月、第1審被告から、上記土地上に第1審原告が建築したビルで第1審被告が転貸事業を営み安定した収入を得させるという内容の提案を受け、第1審被告とも交渉を進めることとした。

　そして、第1審原告は、昭和63年10月、第1審被告から、①第1審被告が、第1審原告使用部分を除き、ビル全館を一括して賃借し、第1審被告の責任と負担でテナントに転貸する、②賃料は、共益費を含め、年額23億1072万円とし、この賃料額は、テナントの入居状況にかかわらず変更しない、③賃料のうち19億9200万円については、3年経過するごとに、その直前の賃料の10％相当額を値上げするとの提案を受け、第1審被告との間で契約を締結することとし、契約内容の具体

化を進めた。

　第1審原告は、昭和63年12月13日、第1審被告との間で、原判決別紙物件目録一記載の建物（以下「本件建物」という。）のうち同目録二記載の部分（以下「本件賃貸部分」という。）を下記内容で第1審被告に賃貸する旨の予約をした。

2　本件建物は、平成3年4月15日に完成し、第1審原告は、同月16日、上記予約に基づき、第1審被告との間で、次の内容の契約（以下「本件契約」という。）を締結し、本件賃貸部分を第1審被告に引き渡した。

ア　第1審原告は、第1審被告に対し、本件賃貸部分を一括して賃貸し、第1審被告は、これを賃借し、自己の責任と負担において第三者に転貸し、賃貸用オフィスビルとして運用する。

イ　賃貸期間は、本件建物竣工時から15年間、期間満了時には双方協議の上、更に15年間契約を更新する。

ウ　賃料は、年額19億7740万円、共益費は年額3億1640万円とし、第1審被告は、毎月末日、賃料の12分の1を支払う。

エ　賃料は、本件建物竣工時から3年を経過するごとに、その直前の賃料の10％相当額の値上げをする（以下「本件賃料自動増額特約」という。）。急激なインフレ、その他経済事情に著しい変動があった結果、値上げ率および敷金が不相当となったときは、第1審原告と第1審被告の協議の上、値上げ率を変更することができる（以下「本件調整条項」という。）。

オ　第1審被告は、第1審原告に対し、敷金49億4350万円を預託する。

カ　第1審被告が賃料等の支払を延滞したときは、第1審原告は、通知催告なしに敷金をもって弁済に充当することができ、この場合、第1審被告は、第1審原告から補充請求を受けた日から10日以内に敷金を補充しなければならない。

3 　第1審被告は、第1審原告に対し、本件賃貸部分の賃料について、平成6年2月9日に、同年4月1日から年額13億8194万4000円に減額すべき旨の意思表示をしたのを最初として、同年10月28日に、同年11月1日から年額8億6863万2000円に減額すべき意思表示を、平成9年2月7日に、同年3月1日から年額7億8967万2000円に減額すべき意思表示を、平成11年2月24日に、同年3月1日から年額5億3393万9035円に減額すべき意思表示を、それぞれ行った。

　　なお、第1審被告がテナントから受け取る本件賃貸部分の転貸料の合計は、平成6年4月当時、平成9年6月当時のいずれも月額1億1516万2000円であり、平成11年3月当時は約4581万円となり、同年4月以降は6000万円で推移している。

4 　第1審被告は、第1審原告に対し、平成6年4月分から平成9年3月分まで賃料として月額1億4577万円を支払い、平成9年4月から平成11年10月分まで賃料として月額1億4860万5099円を支払った。

5 　第1審原告は、平成6年4月分から平成9年12月分までの約定賃料等と支払賃料との差額及びこれに対する遅延損害金を敷金から充当することとし、第1審被告に対し、敷金の不足分の補充を請求した。

6 　本件本訴請求事件は、第1審原告が、第1審被告に対し、主位的に、本件賃料自動増額特約に従って賃料が増額したと主張して、上記敷金の不足分と平成10年1月分から平成11年10月分までの未払賃料との合計52億6899万5795円とこれに対する年6％の割合による遅延損害金の支払を求め、予備的に、第1審被告の賃料減額請求の意思表示により賃料が減額されたことを前提として、借地借家法32条1項の規定により賃料が減額される可能性があることについて第1審被告に説明義務違反があるなどと主張して、不法行為または債務不履行に基づき上記金額と同額の損害賠償を求めるものである。

　　そして、本件反訴請求事件は、第1審被告が、第1審原告に対し、借地借家法32条1項に基づき第1審被告の賃料減額請求の意思表示に

より賃料が減額されたことを主張して、本件賃貸部分の賃料が減額されたことの確認を求めるものである。
7 原審は、本件契約について、建物賃貸借契約ではなく、事業委託的無名契約であると評価し、賃料減額請求権の制度は本件調整条項によって修正されて適用されると判示し、第1審原告の本訴請求を35億2323万2445円とこれに対する年6％の遅延損害金の範囲において認容した。

b 最高裁判所の判断

1 前記確定事実によれば、本件契約における合意の内容は、第1審原告が第1審被告に対してその対価として賃料を支払うというものであり、本件契約は、建物の賃貸借契約であることが明らかであるから、本件契約には、借地借家法が適用され、同法32条の規定も適用されるというべきである。

本件契約には本件賃料自動増額特約によってもその適用を排除することができないものであるから、本件契約の当事者は、本件賃料自動増額特約が存するとしても、そのことにより直ちに上記規定に基づく賃料増減請求権の行使が妨げられるものではない。

なお、前記の事実関係によれば、本件契約は、不動産賃貸等を目的とする会社である第1審被告が、第1審原告の建築した建物で転貸事業を行うために締結したものであり、あらかじめ、第1審被告と第1審原告との間において賃貸期間、当初賃料及び賃料の改定等についての協議を調え、第1審原告が、その協議の結果を前提とした収支予測の下に、建築資金として第1審被告から約50億円の敷金の預託を受けるとともに、金融機関から約180億円の融資を受けて、第1審原告の所有する土地上に本件建物を新築することを内容とするものであり、

いわゆるサブリース契約と称されるものの一つであると認められる。そして、本件契約は、第1審被告の転貸事業の一部を構成するものであり、本件契約における賃料額及び本件賃料自動増額特約等に係る約定は、第1審原告が第1審被告の転貸事業のために多額の資本を投下する前提となったものであって、本件契約の重要な要素であったということができる。これらの事情は、本件契約の当事者が、前記の当初賃料額を決定する際の重要な要素となった事情であるから、衡平の見地に照らし、借地借家法32条1項の規定に基づく賃料減額請求の当否（同項所定の賃料増額請求権行使の要件の充足の有無）及び相当賃料額を判断する場合に、重要な事情として十分に考慮されるべきである。

以上により、第1審被告は、借地借家法32条1項の規定により、本件賃貸部分の賃料の増額を求めることができる。そして、上記のとおり、この減額請求の当否及び相当賃料額を判断するに当たっては、賃貸借契約の当事者が賃料額決定の要素とした事情その他諸般の事情を総合的に考慮すべきであり、本件契約において賃料額が決定されるに至った経緯や賃料自動増額特約が付されることに至った事情、とりわけ、当該約定賃料額と当時の近傍同種の建物の賃料相場との関係（賃料相場とのかい離の有無、程度等）、第1審被告の転貸事業における収支予測にかかわる事情、第1審原告の敷金および銀行借入金の返済の予定にかかわる事情等をも十分に考慮すべきである。

2 以上によれば、本件契約への借地借家法32条1項の規定の適用を極めて制限的に解し、第1審原告の主位的請求の一部を認容し、第1審被告の反訴請求を棄却した原審の判断には、判決に影響を及ぼすことが明らかな法令の違反がある。原判決中第1審被告敗訴部分は破棄を免れない。そして、第1審被告の賃料減額請求の当否等について更に審理を尽くさせるため、上記部分につき、本件を原審に差し戻すこととする。

c 解　説

① 背　景

かつてバブル隆盛の時代（1980年代後半）があった。首都圏では、永遠に土地の価格が上昇を続けるとの土地神話が流布され、これを反映した建物賃料も永遠に上昇を続けると考えられた。

都心などにまとまった面積の土地を保有する事業者が土地を担保に銀行等の金融機関から多額の融資を受け、本件のような不動産事業者と提携し、不動産事業者から多額の敷金等を得て、高層ビルを建築し、当該不動産事業者に一括して賃借（マスターリース契約）し、不動産事業者が個々のテナントに転貸（サブリース契約）するという事業モデル、すなわちサブリースが多くみられるようになった。

しかしながら、バブルが永遠に継続するはずもなく、当時の大蔵省の総量規制などもあって、平成3年にはバブルが崩壊することとなった。

サブリース契約の多くは、賃料の右肩上りが継続することを前提していたことから、サブリース期間においては、本件契約にあるような賃料自動増額特約が付されることが多く、契約当初には借地借家法32条1項の賃料減額請求を行うことなどだれも念頭に置いていなかったといえよう。

② 利　害

提案型サブリースを積極的にもちかけた大手不動産事業者は、バブル崩壊後の実体経済の停滞、これに伴うテナントの遊離、賃料の値下げという悪循環に襲われ、サブリースのビジネスモデルは潰えた。本件の事実認定にあるように、本件被告である不動産事業者は、平成11年3月には4,581万円の転貸賃料に対し、マスターリースの賃料として1億4,860万円あまりを支払っている。当然大赤字であって、自腹を切って賃料を払うことになるから大幅な欠損が生じることとなる。

他方、大元の賃貸人である建物所有者は、バブル期の賃料予測に基づいて、金融機関から多額の借財等をして資金調達をしており、返済計画は、サ

ブリースにおける賃料額を前提としている。当然、この賃料が減額されることなど思いもよらないわけである。もし、賃料が減額されれば、金融機関への返済金が滞り、不動産を失うことになりかねない。したがって、賃料の現状維持は必須である。

③ 論　　点

このようにしてサブリースをめぐる紛争は、双方の正反対の利害関係と主張が激突して裁判となった。

本件では、不足分の敷金と賃料を請求する建物所有者が第1審原告となり、建物一括賃借人である不動産事業者が第1審被告となって、法廷を舞台に激突した。

第1審原告は、本件のようなサブリースは、借地借家法が適用される建物賃貸借契約に該当しないから、同法32条1項の適用はありえないと主張した。そして、この主張は、第1審の東京地裁によって採用され、原審の東京高裁も原則的に受け容れている。

他方、第1審被告の不動産事業者は、サブリースであっても建物賃貸借契約であることに変わりはなく、同項の規定が適用されると主張した。そして、最高裁はこの主張を採用し、原判決を破棄して、東京高裁に差し戻したのである。

④ 実務への影響

現在のサブリースにおける実務は、前記判例を受けてサブリースを賃貸借契約であるとの前提で組み立てられている。そして、借地借家法の多くの条項が強行法規であって、当事者の合意である契約条項において適用しないことを明示しても、適用されることを念頭に置いている。したがって、サブリース契約の当事者も建物所有者に融資を行う金融機関においても、賃料が減額されることがあることを前提に融資金額や返済計画が立てられているであろう。

3 収支シミュレーションの作成・妥当性の検証

　アパートローンを融資するにあたっては、収支が成り立つことが重要となる。このため入口審査においては収支シミュレーションの作成、または顧客から提出される収支シミュレーションの妥当性の検証を行う必要がある。

(1) 必要資料

　一般的にシミュレーションを作成する場合には、まず初年度の計画を立て、これを経年で変動要因を加味しながら動かしていく。シミュレーション作成にあたって必要なデータを、一般の賃貸借形態と、いわゆる「サブリース方式」を採用している場合に分けてみると、図表2-12のとおりとなる。物件に応じて計上項目に増減があるため、必要書類についても多少の違いがある点には留意されたい。

　すでに稼働し1年以上経過しているものについては実績値であるヒストリカルデータがとれるが、1年未満もしくはこれから建設するもの、すなわち実際の稼働はまだ先のものについては予測数値となるため、データとしての信用度に大きな違いがある。予測数値についてはできる限り正確を期すべく慎重に数値を採用することになるが、実績値が上がり次第、モニタリングのなかで修正を行いながら実績をふまえたものに変更していくことが妥当と考える。

　シミュレーション分析にあたっては、まず「賃貸明細（レントロール）」を作成することが重要と考える。これは明細化することで、単価・総額面での検証がしやすくなるからである（図表2-13参照）。

図表2－12　必要なデータとシミュレーションにおける計上項目
■一般の賃貸借形態の場合

	必要書類	計上項目
収入に対して	□賃貸借契約書 □賃貸明細（賃貸人名、位置、賃貸面積、賃料、共益費、敷金などがわかるもの） □駐車場や携帯電話アンテナ基地設置料などの契約（他の収入があるときはこの契約）	賃料収入 共益費収入 駐車場収入 その他収入
支出に対して	□建物の維持管理に関する保守契約等の契約書 □維持管理費用の明細	維持管理費 建物管理費用（保守点検） 　清掃費 　警備費 　その他費用
	□水道光熱費がわかる明細（実額）	主に共用部分の水道光熱費
	□建物の修繕費用がわかる明細	修繕費
	□建物・賃貸管理を委託している場合	プロパティマネジメント費用
	□入居者募集に要した金額	入居者募集費用
	□土地・建物の固定資産税・都市計画税の納付書・明細書	公租公課
	□損害（火災）保険に関する資料	損害保険料
その他	□大規模修繕計画	建物の修繕積立金への対応

■いわゆる「サブリース方式」を採用している場合

	必要費用	計上項目
収入に対して	□マスターリース契約書 □その他収入がある場合の明細	賃料収入 その他収入 ※「サブリース方式」の場合、共益費の項目がないことが一般的である

支出に対して	□建物の維持管理に関する契約書 □維持管理費用の明細（実績がないものも多い）	維持管理費 建物管理費用（保守点検） 　清掃費 　警備費 　その他費用	
	□建物の修繕費用がわかる明細	修繕費	
	□土地・建物の固定資産税・都市計画税の明細書	公租公課	
	□損害（火災）保険に関する資料	損害保険料	
その他	□大規模修繕計画	建物の修繕積立金への対応	

図表2-13　賃貸明細（レントロール）の様式

階	部屋番号	賃借人	契約期間	賃貸面積		賃料		共益費		合計	敷金
				㎡	坪	金額	単価	金額	単価		
1	101	A									
	102	B									
	103	C									
2	201	E									
	202	F									
合計											

　新築あるいは築年数が浅い場合、賃料単価・共益費単価はほぼ同じとなるが、一定経年を経た物件の場合、単価の差異が生じてくるケースがある。オフィスビルや店舗に比べると住居系用途の場合、経年での差異は小さいがそれでも生ずることがある。この場合シミュレーションでは、まずは現時点での金額をベースと考え、格差が大きい場合は、年次経過でストレスをかけるなどの方法が考えられる。

　明細化することのよさは、何よりも面積での単価の比較ができることである。また、契約期間が新しいものと過去の契約のもので差があれば、この差

がなぜ発生しているかを分析すると、将来予測がつきやすくなる。現状の単価が近隣相場と比較して高い居室があれば、将来的に賃料が近隣相場水準並みに修正される可能性を見出すことができる。シミュレーションを行ううえで、賃料について一律な割合でストレスをかけることも有効な方法ではあるが、居室ごとの状況把握がうまくできれば、過度なストレスをかけることなく、より実勢に近いシミュレーションが可能になる。

【賃貸明細の活用】
・単価面（㎡単価・坪単価）での各室賃料の比較ができる（賃料、共益費込単価）
・比較をもとに賃料トレンドがどのようになっているか読み取ることができる
・将来予測に生かすことができる
　→賃料下落の可能性の予測
　　ストレステストにあわせて実施する（過度なストレスをかける必要がない）

---

(2) 標準的な数値との検証ができる仕組みづくり

　これから建築する建物の場合、ヒストリカルデータがない以上、実際に運営した場合どのくらいの結果になるかを予測しなければならない。したがって、収入・支出に係る各項目の数値の妥当性を検証することが不可欠であり、できるだけ標準的な数値との比較・検証を行うことが重要となる。

a　収入に関して

　建物が未完成の場合、一括賃貸の場合は予定契約書が交わされることもあるが、そのようなケースでない場合には、適正賃料を査定することになる。

図表2-14 各戸の賃料の分析

```
基本的には専有床の㎡または坪単価をベースに分析する。
⇒まずは周辺の賃料をもとに賃料単価水準を査定する。
```
  │
  │（比較検討の実施）
  │　←交通機関や商業施設への接近性
  │　←建物の躯体、グレード、設備の状況による格差をみる。
  ↓
```
単価をベースとしながら賃料の妥当性を確認するが、間取りや面積による商品
性をよく認識したうえで、賃借人が現れるか検証する。
```

査定にあたっては、周辺における類似のアパートの賃料単価をもとにすることとなる。この作業は、できるだけ多くの賃貸事例を集めたうえで、融資対象の建物の賃料設定を行うことになるが、入居者募集を多く手掛ける不動産業者の意見などを参考にすることも大事である。

賃料単価を比較する場合、類似性の高い賃貸事例から推定することが望ましい。また、間取りや1戸当りの面積、単価×面積で求められる各戸の賃料で賃借人が入居するかという視点で検証する必要もある（図表2-14参照）。

b 「サブリース方式」を採用した物件の場合の収入認識

「サブリース方式」になっている賃料については、前記とは別の検証方法が必要となる。すでに入居者が存在する場合にはその個々の賃貸明細を作成する。建物完成前、あるいは入居者募集前の状況の場合は、周辺の賃料を調べて賃料単価を求め、これをベースに賃貸明細を作成する。サブリース方式になっている場合は、共益費はオーナーの収益にならないため、基本的には一括賃料のみを収入として考えておく。

まず、転貸による収入、すなわち賃料・共益費収入、その他の収入について賃貸明細を作成して、獲得可能と考えられる収益（潜在収益）を求める。

次に、周辺のアパートの入居状況（空室率）がどの程度かを調べる。いちばん確実なのは、たとえば半径1km以内に所在するアパートを実際にみて、

図表2-15 「サブリース方式」を採用している場合における収入認識において

```
① 転貸賃料・共益費等についての合計額（潜在収益）を確認する。
  ⇒建設前・あるいは賃貸借契約締結前の物件については周辺より査定を行っ
   た賃料を採用する。
② 入居率（空室率）について調査を行う。
③ 潜在収益×査定した入居率で、空室を考慮した収入を査定する。
```
↓
```
一括賃料との差異を確認する。
  たとえば転貸賃料・共益費等の合計額の80％程度の額より一括賃料が大き
  いか小さいかチェックする。
    一括賃料が小さい場合：一括賃貸契約は継続できるものと考える。
    大きい場合：将来において下がる可能性
```

空室がどの程度あるかを調査するという方法がある。ただ、かなり手間がかかる作業となるため、手もちのデータを活用することで省力化することも検討したい。たとえば金融機関で実際に貸出を実施しているアパートの入居率の平均値などを調べ、これを採用する方法が考えられる。入居率の状況についてのデータを確保しておくことは、今後のモニタリングやポートフォリオ分析においても役立つ。

基本的には、潜在収益に入居率をかけたものが、実際に見込まれる収入であり、これが一括賃料より小さい場合は、将来的な減額改訂をふまえる必要があるが、一括賃料より大きい場合でも一括賃料が増額されるケースは現状少ないため、そのままの数値を採用する（図表2-15参照）。

c 支出に関して

支出においては、ヒストリカルデータがある場合は、これをもとにまず各項目を計上することとなる。一方で、建物が未完成、あるいは新築後の期間が短い場合は、土地の固定資産税以外のデータはほとんど存在しないことになる。支出項目については図表2-16のものが考えられる。水道光熱費や損

図表2-16 一般的に考えられる収入・支出などシミュレーションにおける数値項目一覧

■通常の賃貸形式の場合

	必要書類	計上項目
収入に対して	□賃貸借契約書 □賃貸明細（賃貸人名、位置、賃貸面積、賃料、共益費、敷金などがわかるもの） □駐車場や携帯電話アンテナ基地設置料などの契約（他の収入があるときはこの契約） △空室損失相当額 △貸倒費用相当額	賃料収入 共益費収入 駐車場収入 その他収入 空室発生を想定した損失 賃料滞納等による損失
支出に対して	□建物の維持管理に関する保守契約等の契約書 □維持管理費用の明細	維持管理費 　建物管理費用（保守点検） 　清掃費 　警備費 　その他費用
	□水道光熱費がわかる明細（実額）	主に共用部分の水道光熱費
	□建物の修繕費用がわかる明細	修繕費
	□建物・賃貸管理を委託している場合の契約書	プロパティマネジメント費用
	□入居者募集に要した金額	入居者募集費用
	□土地・建物の固定資産税・都市計画税の納付書・明細書	公租公課
	□損害（火災）保険に関する資料	損害保険料
その他	□大規模修繕計画	建物の修繕積立金への対応

■「サブリース方式」の場合

	必要書類	計上項目
収入に対して	□賃貸借契約書	（一括）賃料収入

支出に対して	□建物維持管理契約書 □維持管理費用の明細	（建物維持管理契約による一括）維持管理費 　建物管理費用（保守点検） 　清掃費 　整備費 　その他費用
	□建物の修繕費用がわかる明細	修繕費
	□水道光熱費がわかる明細	主に共用部分の水道光熱費
	□土地・建物の固定資産税・都市計画税の明細書	公租公課
	□損害（火災）保険に関する資料	損害保険料
その他	□大規模修繕計画	建物の修繕積立金への対応

害保険料は、基本的には実績数値をもとに決められるが、維持管理費については契約する相手先によって異なる側面がある。

　金融行政当局などでは、できるだけ収支項目についてその検証を行うためのデータ整備（たとえば、規模や間取りによって維持管理費が床面積当りいくらかといった数値）を行い、妥当性を判定できる体制をとる必要があると指摘している。

　その意味では、すでに建物の管理に対する契約が締結されている場合には、この契約金額をベースに支出を査定することになるが、保守費、清掃費、警備費といった項目の金額の妥当性を確認することが望ましいものと考える。

　これについてのデータを整備していくことで、モニタリング・ポートフォリオ分析に生かすことができる。

d　大規模修繕費用の見積り

　建物は、基本的には一定年限において更新・修繕が不可欠であり、アパート事業という性格から商品力維持のために逐次投資をしていく必要がある。

大規模修繕費用の見積方法はいくつかある。いちばん現実的なものは、ハウスメーカーや建設会社が提示してくる提案書を参考とする方法である。もっともこの提案書自体は、メーカーが推奨する使用年限をかなり意識したものが一般的であり、通常は推奨された年限よりも多少長く使いながら、利益の最大確保を目指すのが本来の姿ではないかと考える。

　注意したいのは、「サブリース方式」の場合において、特約などに「一括賃貸の継続には、指定した業者による大規模修繕を行うこと」といった文言が入っている場合である。おおむね10年～15年で大規模修繕が始まるケースが一般的であるが、この際に推奨年限をベースとした、「高めの」大規模修繕費用が要求されることがある。これについては、断るという選択肢も当然ないわけではないが、一括賃貸が終了してしまうことになり、オーナーとしては非常にめんどうな側面がある。

　大規模修繕費用は、相応額がかかるということを建物新築時からしっかりと認識しておかなければならない。大規模修繕費用の査定方法を留意点とともに整理すると、図表２－17のとおりである。実務的にはハウスメーカー等が事業計画で提案しているものを、同業他社へのヒアリング等により保守的に検証し、必要があれば修正して採用する。

図表２－17　大規模修繕費用の査定

方　　法	留意点
ハウスメーカー・建設会社による大規模修繕計画提案をもとに考える	建物を建設している業者であり、構造や使用資材などについて精通しているため、精度の高さが期待される。ただ、営業的側面からやや過度な修繕を提案されることも多く、修繕費用が高めになっている可能性がある。
ERを作成する	ER専門会社に依頼することで、第三者からみた状況を理解することができる点では非常に有意義であると考えられる。ただ作成コストがそれなりに高いため、通常アパート等では作成されることは少ない。

(3) 初年度のシミュレーションの作成

　以上の資料を用意したうえで、まず初年度における収入・支出を査定し、これをもとに収益、返済原資が確保できるかといった観点からチェックを行

図表2－18　初年度におけるシミュレーション（項目例示）

	通常の賃貸の場合	サブリースの場合
収入①	賃料収入 共益費収入 駐車場収入 その他収入 △空室損失相当額 △貸倒費用相当額	（一括）賃料収入
支出②	維持管理費 　建物管理費用（保守点検） 　清掃費 　警備費 　その他費用	（建物維持管理契約による一括）維持管理費 ※契約内容によっては、別途実額を請求するケースもあるのでこの場合は計上する必要がある
	主に共用部分の水道光熱費	同左
	修繕費	同左
	プロパティマネジメント費用	
	入居者募集費用	
	公租公課	同左
	損害保険料	同左
収益	①－②	同左
返済額③	返済方法に応じた返済額	同左
残余部分	①－②－③	同左
手取	オーナー手取額	同左
計画修繕	大規模修繕費用積立	大規模修繕費用積立

う必要がある。通常賃貸の場合、「サブリース方式」の場合、それぞれにおいて初年度シミュレーションの項目例をあげると、図表2-18のとおりとなる。

シミュレーションは収入・支出別にこれらの項目を立てて行い、物件の特性に応じて加減する。

a　収入における初年度シミュレーション

賃貸借契約が締結されている場合、あるいはすでに予定契約が存在する場合はこれをもとに査定する。一方で、建物建築前などは収入についても未確定な面があるため、なんらかのかたちで賃貸を想定した場合の貸室賃料等を求め、これをもとに査定することが求められる。マーケティングなどにより作成された居室別の設定賃料があればこれを参考とするが、あくまでも実績値ではないため、周辺の賃料水準との比較を行ったうえで、設定賃料の妥当性を検証することが重要となる。

このため収入における初年度シミュレーションを立てるにあたっては、周辺における賃貸情報（特に賃料単価、駐車場使用料についての情報）を収集す

図表2-19　シミュレーションの収入項目

□空室損失相当額の計上
収入の査定を行うにあたって重要なポイントの1つに空室損失相当額の計上がある。これは実際の空室をベースに考える方法がまず考えられるが、シミュレーション上では満室時の収入を基準として、ここから空室分を差し引くかたちをとるのが一般的となっている。通常は空室率を設定してこれをもとに査定する。 　空室率は、対象物件のトラックレコードがあればこれを標準とし、周辺のアパートの空室率を調査してこれを参考とする。
□貸倒損失相当額の計上
これは賃借人が賃料未払いを想定して計上するものである。敷金を徴求している場合には、ここから差し引くことができるため、計上しないことも多い。

ることが重要となる。収集した賃貸情報をもとに地域における居室タイプ別の単価を整理して検証をしやすくするのも一案である（図表 2 - 19参照）。

b　サブリース方式による場合の初年度収入

サブリース方式の場合は、一括賃料が収入の前提になるため、契約内容をもとに初年度収入を査定する。また、サブリース方式を採用しなかった場合における満室想定での入居時の賃料合計と比較して、一括賃料はどの程度の割合になっているか検証を行っておくことも肝要である。

一括賃料であるため、空室損失相当額を計上する必要はない。

c　支出における初年度シミュレーション

建物建設時になんらかのシミュレーションがある場合は、各数値を検証しながら計上する方法が早い。検証項目および査定・検証方法の例をあげると、図表 2 - 20のとおりである。

図表 2 - 20　シミュレーションの支出項目

	査定・検証方法（例）
建物管理費用（保守点検）	建物の保守点検契約を締結している場合はこの契約額を採用する。
清掃費	清掃契約を締結している場合はこの額を採用する。特段の清掃契約を締結していない場合は、類似の実例を集めておき、これをもとに査定する。
警備費	警備契約を締結している場合はこの額を採用する。特段の警備契約がない場合は計上しないが、最近ではなんらかの警備契約を入れて安全性を強調するほうが有利な面がある。
その他費用	すでに契約を締結しているケースの場合はこれを採用する。
共用部分の水道光熱費	類似の実例を集めておき、これをもとに査定する。

修繕費	建物の建築費に対して0.1%〜0.2%程度を計上する方法がある。
プロパティマネジメント費用	賃貸管理会社等の契約がある場合は、この費用を計上する。
入居者募集費用	退去時に賃貸人を募集する費用である。 入退去発生居室数×1カ月賃料で計算する方法が1つの方法である。
公租公課	固定資産税・都市計画税について計上することになる。土地については実額を計上するが、建物については未完成の場合は査定額をもって計上する。 建物の建築費用×調整率70%×税率で計算する方法がある。
損害保険料	基本的には実額を採用する。まだ契約が締結されていない場合は、付保する金額×料率で計算することができる。

d　サブリース方式の支出についての初年度シミュレーション

一括契約による部分が多いため、契約内容に基づいて査定・検証する（図表2-21参照）。

図表2-21　シミュレーションの支出項目（サブリース方式の場合）

	査定・検証方法（例）
（維持）管理費	サブリース方式の場合、建物賃貸が一括であると同時に、建物維持管理についても一括発注することが多い。業務別に複数社に分けて契約を結んでいる場合は、それぞれを合計する。
公租公課	固定資産税・都市計画税について計上することになる。土地については実額を計上するが、建物については未完成の場合は査定額をもって計上する。 建物の建築費用×調整率70%×税率で計算する査定方法がある。

| 損害保険料 | 基本的には実額を採用する。まだ契約が締結されていない場合は、付保する金額×料率で計算することができる。 |

(4) 融資期間にわたるシミュレーションの作成

　初年度のシミュレーションが完成すると、基本的な収支項目とその額を明らかにすることができる。一方、アパート経営は長期にわたって実施されるものであり、融資期間にわたってのシミュレーションを作成する必要がある。様式例を示すと、図表2－22のようになる。

　初年度における各数値を精緻に査定しておくことで、実績値との乖離が発生する可能性を小さくすることができる。かつては一定の物価上昇率を勘案する必要があったが、近年は建物管理業者等が増加したことによる競争の激化、デフレ基調が続いているといったことから、費用が大きく上昇することは少ない状況にある。

　ただ、収入面でみると、インフレによる賃料上昇が小さい面はあるものの、新築時に比べ経年によるアパートの商品価値の低下は避けられないため、この点を考慮する必要がある。

図表2-22　融資期間にわたるシミュレーション

		初年度	2年目	3年目	……
収入①	賃料収入 共益費収入 駐車場収入 その他収入 △空室損失相当額 △貸倒損失相当額				
支出②	維持管理費 　建物管理費用（保守点検） 　清掃費 　警備費 　その他費用				
	主に共用部分の水道光熱費				
	修繕費				
	プロパティマネジメント費用				
	入居者募集費用				
	公租公課				
	損害保険料				
収益	①-②				
返済額③	返済方法に応じた返済額				
残余部分	①-②-③				
手取	オーナー手取額				
計画修繕	大規模修繕費用積立				

4 収入や支出面での推移に関する留意点

(1) 収入面における経年変動要因

収入面が経年により変動する要因としては、図表2-23のものがあげられる。

(2) 収入面における数値を動かすための具体的手法

図表2-23のような要因に対して、具体的にどのような手法で、数値を動かしていくかを考えてみたい。各要因に応じて考えられる具体的手法をあげると、図表2-24のとおりとなる。なおここであげているものは一例であり、より合理的かつ緻密な方法があればそれを採用することが望ましい。

シミュレーションはできれば今後の推移と一致ないしは近づけることが求められるが、的中させることは困難であり、一定の不確実性のなかで作成されるものである点をふまえておく必要がある。金融機関としては、保守性・確実性といった側面から推移を考える必要があり、多少の余地をもたせるほうが望ましい。

(3) 支出面での経年変動要因

支出面における経年による変動要因はいくつか考えられるが、ハイパーインフレ時等を除き、賃料に比べると大きな変動になりにくい面がある。ただ、当然にして一定で推移するものではないため、経年により変動する要因を考えてみたい（図表2-25参照）。

図表2-23 収入面の変動要因

要　因	内　容
物価・賃料変動	賃料は物価と連動する側面があり、物価上昇に伴って賃料も上昇する特徴がある。ただ、平成12年以降はデフレ傾向が強かったこともあり、物価上昇に伴う賃料上昇はあまりみられなかった。ただし、今後の物価上昇次第では、賃料への影響を考慮する必要が出てくる可能性はある。
経年劣化	アパートは商品力の中核に建物があり、建物は経年とともに劣化する。これを防止するため大規模修繕、リニューアル、リフォームが行われるが、やはり高経年物件は新築物件よりも競争力が劣ることになる。したがって年数経過とともに賃料が下がるというシナリオを描くことが一般的である。経験則的には10年前後を節目として、競合物件との競争力が落ちる傾向がみられる。
空室の増加	交通機関への近接性や、立地による面はあるが、経年で空室が増加することも考慮に入れる必要がある。ただ設定賃料をつど見直すことで、空室発生を極力抑えることも考えられる。 したがって経年による空室率の変動は、設定賃料の変動とあわせて設定する必要がある。
共益費の変動	共益費は、一度設定すると変更することは少ない。ただ、景況感が悪化した際には、賃料を下げないかわりに共益費をとらない物件も見受けられた。収入を検証する際には、賃料とともに共益費を含めて検証する必要があるものと考える。
駐車場使用料の変動	駐車場使用料は、地域によって変動幅が異なる面はあるが、安定的に推移する傾向が強い。ただ周辺に競合物件が現れた場合は、これにあわせざるをえない傾向がある。

図表 2 －24　収入面の変動要因の反映手法

要　因	具体的手法
物価・賃料変動	近年は物価水準が安定していることもあり、特段の変動を行っていない。ただ、反映させる場合には以下のものを参考とする。 □物価変動率を乗ずる方法（一般的） □都市や地域における賃料変動率がわかる場合は採用する。 □賃料変動率を把握している場合はこれを活用する方法がある。 　賃料変動率は一般的な指数のほか、金融機関が独自のデータ分析を行うことも考えられる。
経年劣化	大規模修繕が発生するまでの期間（おおむね10年～13年）については競争力が維持できるものと考え、賃料を一定とすることが多い。一方でこの期間経過後については、賃料下落を想定するほうが適切であると考える。 この下落率を判定する方法としては、地域における類似アパートの経年別賃料単価の違いをもとに査定する方法が考えられる。すなわち、新築、築後10年目、築後15年目、築後20年目といった物件を選定し、賃料単価を調べる方法である。ただ、各物件についてこれを査定するのは大変な作業であるため、いくつかの物件を分析したうえで、一定の下落率をあらかじめ決めておく方法も考えられる。
空室の増加	空室については、高経年物件となると大きく発生する傾向はあるが、賃料を下げることで入居状況が改善することも考えられる。したがって、賃料をうまく是正していれば入居率を新築時と大きく変わらない状況で推移できる可能性もあるため、双方のバランスをみたうえで判断する。いくつかの物件で、都市・地域別、経年別の空室率を分析して、経年別での空室率をあらかじめ定めておく方法も考えられる。
共益費の変動	基本的には一定額を設定している限り変動させることは考えない。ただ、徴収できない状況にまで賃貸市場環境が悪化することもあるので注意する。
駐車場使用料の変動	駐車場使用料は1台当りで設定されるものであり、建物の経年に左右されにくく、特に平面駐車場の場合は大きく値下りすることは比較的想定しにくい。ここ数年の料金動向をふまえて設定する方法もある。

図表2－25　支出面の変動要因とその反映手法

要　因	内容と変動手法
維持管理費	建物の保守点検、清掃、警備等の費用であり、近年おおむね横ばいで推移している。変動率はあまり高くないが、賃料の変動に物価上昇率等を採用している場合には、これに倣う方法が考えられる。
共用部分の水道光熱費	水道光熱費は、同量を使用している場合は横ばいないしは物価上昇率をもとに変動させる方法が考えられる。
修繕費	建築費をベースに考えている場合は一定で推移することも考えられる。
プロパティマネジメント費用	プロパティマネジメント費用は一定額のケースと賃料等の収入に応じて変動する方法がある。契約内容に応じて考慮する。
入居者募集費用	回転率をもとに求めている場合は、賃料の変動にあわせて査定する。
公租公課	固定資産税・都市計画税は土地、建物についてかかるものであり、それぞれの動向をふまえて査定する。土地は地価上昇期に課税評価額が上昇するため、これにあわせるかたちをとる。建物については、経年により課税評価額が下落するため、これにあわせるかたちが考えられる。ただ、徴収する地方公共団体次第で反映度に差異があるので注意したい。
損害保険料	付保額を基準に考えることとなる。初年度設定で十分な付保額がある場合は一定で推移する考え方もある。

5 大規模修繕、リニューアルの重要性と必要資金の確保

　アパートの商品性は建物に依存する側面が強い。したがってできる限り建物をよい状態で維持する必要がある。しかし、大規模修繕やリニューアルにかかる費用は大きいため、その必要資金を確保することはアパートを経営するうえで重要な事項となる。

(1) 大規模修繕の具体的な内容

　大規模修繕は大きく分類すると、通常、躯体工事部分と設備工事部分に分けられる。それぞれの主な工事項目をあげると、図表2－26のとおりとなる。

　躯体工事部分としては、屋根・バルコニーの防水、外壁タイルの修繕、外壁および金属部分の塗装などがある。これらの工事は外部に作業用の仮設を設定して行うことが多く、仮設設置工事費用が相当かかるため、費用節減の観点からできるだけ一度に実施することが望ましい。ただし、さまざまな躯体工事をまとめて行うことによって、かかる費用は非常に大きなものとなる。

　近年はこれにあわせて省エネルギー対策を実施するところも増えている。たとえば照明設備のLED化、エネルギー効率のよい機械への交換、太陽光発電設備の付設などがあげられる。修繕という概念からやや拡大したものではあるが、有効な策であれば取り入れる手はある。

図表2−26 大規模修繕の工事内容

部分	箇所	工事内容
躯体	屋根	屋根（屋上）の状況をチェックし、防水上問題がないように工事を行う。漏水が発生すると建物に大きな被害が出るので、非常に重要。
	バルコニー	各住居のバルコニーの状況をチェックし、防水・安全性に問題がないように工事を行う。
	外壁タイル	外壁でタイル使用箇所がある場合は、「浮き（壁面部分から剥がれている箇所）」がないかチェックする。漏水に加えて落下する危険性もあるため必要に応じて修繕工事を行う。
	外壁および金属部分	塗装されている部分があれば剥がれていないかチェックし、再塗装を行う。金属箇所については腐食が進んでいる場合は交換を行う。
設備	電気設備	一般的には以下のものがある。 ・受変電設備（キュービクル）の更新、修繕、交換 ・共用部分の照明設備の更新、交換 ・テレビ受信やネットワークの更新、交換 ・配電盤、分電盤の劣化時の更新、交換
	給排水設備	一般的には以下のものがある。 ・受水槽、ポンプの更新、交換 ・高架水槽の更新、交換 低層のアパートの場合、水道管から直接各住居に水を配することが多い。中高層の場合受水槽からポンプで屋上の高架水槽に送り自然落下させるものもある。
	空調設備	通常アパートの場合、家庭用エアコンを設置するため、故障時に随時交換することが多く大規模に一括交換することは少ない。
	警備設備・保安設備	防犯カメラおよびその設備、防災関係の制御システムなどがある。
	駐車場設備	機械式駐車場がある場合はこの更新。

(2) 大規模修繕工事の費用を見積もるための「長期修繕計画」の作成

　このような工事は当然にして一定経年後（おおむね10年～15年）に行われるものであり、その時点で必要な金額をあらかじめ用意しておく必要がある。この見積りを行うために、新築時から「長期修繕計画」を作成しておき費用の積立を行う必要がある。

　長期修繕計画は、建物の建設を依頼したハウスメーカーや建設会社に依頼する方法が一般的であるが、外部業者の意見を聞く意味で他の修繕事業者、設計会社などに依頼することも有用と考える。なお、新築から大規模修繕工事を実際に行うまでの期間には相当の時間差があり、有効なプランニングや各工事の所要コストも変わってくるため、修繕工事実施前に見直しを行う。

　いずれにせよ、早いうちに大規模修繕工事の費用が実際にいくらかかるかという点を認識しておく必要がある。

(3) リニューアル工事

　経過年数とともに居室等の劣化が進むことで、商品競争力が低下することが予想される。これを防止するために、たとえばエントランス部分の改修工事や、居室の風呂や水回りの更新、床・壁クロスの張替えを行うことが有効となる。これらは、躯体・設備面での大規模修繕工事とは別に行われるもので、「リニューアル工事」あるいは「リフォーム工事」と呼ばれている。一般的に行われているリニューアル工事をあげると図表2－27のものがある。

　大規模修繕工事を、建物の物理的な耐用年数までもたせるための工事ととらえると賃料維持・上昇に直結しないものと考えられる。一方、リニューアル工事は商品力向上につながるものであり、賃料の維持、場合によっては上昇につながることが見込まれる。

図表2－27　リニューアル工事の内容

箇　所	具体的な工事・更新内容
エントランス部分	・エントランスドアの交換 ・オートロック設備の設置 ・内装の更新 ・郵便受けの更新 ・宅配ロッカーの設置、交換
その他共用部分	・宅配ロッカーの設置、郵便受けの更新 ・ゴミ置場の更新 ・駐輪場設備の更新（屋根更新や防犯対策）
居室部分	・インターホン（映像確認型）の設置 ・天井、壁クロスの更新 ・床の更新（特に近年は和室→洋室転換もみられる） ・収納部分の改修（ウォークインクローゼットの設置） ・浴室と洗面台の更新 ・ワンルーム形式の居室の浴室とトイレの分離 ・台所のシステムキッチンへの転換 　（可能であればセパレート型シンクの設置）

　金融機関ではリニューアル事例を収集しておき、その際の工事費用や更新による効果の情報をまとめておくと、顧客に説明するうえで説得力が増し、顧客にとっても貴重な情報になると考えられる。

6 物件管理・入居者管理におけるポイント

(1) 物件管理とアパートの価値

　やや視点を変えて物件管理の重要性を考えてみよう。どんな不動産でも管理状況次第で使用できる年限などに差異が生じる。特にアパートの場合、エンドユーザーは居住という視点で物件を選択するため、適切な物件管理が要求されることは当然となる。管理がよい物件は、比較的高単価の賃料獲得ができるばかりか、入居者の所得階層の向上にもつながり、長期間にわたって人気が保てる側面がある。

　物件管理をみるうえで主な注意点をあげると、図表2−28のとおりとなる。

　このような事項については実際に建物が完成し、賃貸物件としての運営が

図表2−28　物件管理の注意点

箇　　所	注意ポイント
エントランス・共用廊下	きちんとした清掃・管理が行われているかどうか →アパートの顔となる部分でもあり、この部分の管理が悪いと全体的な印象が落ちる。
郵便受け	不在者、空室部分等にチラシなどが投げ込まれた状態になっていると、管理がよくない物件として印象が落ちる。
ゴミ置場	適切な衛生管理、分別回収を含め正しい出され方が守られているかどうか →管理面のよしあしにつながり、賃借人の選好に影響が出る。
駐輪場	近年、自転車利用者が増えており、この管理状況がよいかどうかで賃借人の選好に影響が出る。

開始されてからチェックしていくことになる。モニタリングのなかで適切な期間ごとに実地調査を行って物件状況を把握する。管理状況がよくない場合は、オーナー経由で管理会社等に依頼する等の措置も考えるべきである。

(2) 賃借人との間の法的留意点

a 総　説

建物賃貸借契約における賃借人との間の法的留意点は、多くの論点があるが、入居者管理の観点から賃貸人が知っておくべき事項は、①建物賃貸借契約に適用される借地借家法のポイント、②賃貸借契約書の内容、③賃借人の保証人の責任、④賃借人の用法に関する問題、⑤賃料に関する問題、⑥敷金に関する問題、⑦借家権の譲渡および転貸借、⑧賃貸借契約の解消と原状回復、⑨定期借家権である。以下では、これらについて説明する。

b 借地借家法の概要

借地借家法（平成3年法律第90号。以下、本項において「法」という）は、建物所有目的の土地および建物の賃貸借契約に関する特別法である。賃貸借契約については、一般法である民法に規定があるが、大正時代に生起した関東大震災を経て、賃借人保護の必要性が高くなったことから、借地法（大正10年法律第49号）と借家法（大正10年法律第50号）という2つの法律が制定され、民法の特別法とされていたところ、平成3年に新たに1つの法律となり、今日に至っている。

前記のとおり、法はその生立ちから賃借人保護という視点に立って制定されているが、これとは別に現代社会における賃貸借契約の多様化やビジネスユースに基づく賃貸借契約の環境変化等に基づき、定期借地権や定期借家権を採用するなどしている。ここでは、一般的な建物賃借権である普通借家権を前提に法のポイントを概説する。

なお、定期借家権については、後に項をあらためて説明する。

① 適用対象

法の適用対象は、すべての建物賃貸借に及ぶ。建物とは、土地の上に定着し、土台、柱、屋根、障壁等を有する構造物であって、居住、営業等の用に供されるものをいい、建物の一部であっても、障壁等によって他の部分を区画され、独占的、排他的支配が可能な構造、規模を有する場合には、法が適用される。

法は、建物の賃貸借に適用されるから、賃料が発生しない使用貸借には適用されない。ただし、法40条では建物の賃貸借が一時使用を目的とする場合には、適用除外であることを認めている。

② 借家権の対抗問題

建物の賃貸借における賃借人の権利（借家権）は、民法によって登記をすれば第三者に対抗（主張）することができるとされている（民法605条）。しかし、賃借権が登記されることはないので、民法の原則のとおりであると、建物の所有者が変更した場合、賃借権を対抗できなくなる。これでは賃借人の保護は図れないので、法は借家権について、引渡しをもって対抗力を有するとしている（法31条1項）。これにより、建物の所有者が変更した場合でも、賃借人が建物の引渡しを受けていれば、借家権を建物の新所有者に対抗できることになり、建物を明け渡す必要がなくなる。

③ 存続期間と契約更新

借家権の存続期間は、契約によって自由に定めることが可能であるが、法は普通借家権について、最短期間を1年と定めており、1年未満の契約期間を定めた場合には、期間の定めなき賃貸借として扱われる（法29条1項）。長期については、制限がない（同条2項）。

普通借家権は、存続期間が満了すると契約が終了することになるが、賃借人保護の観点から、賃貸人が期間満了の1年前から6カ月前までの間に更新拒絶の通知または条件の変更をしなければ更新しない旨の通知をしない場合には、契約が同一の条件で更新したものとみなされる（法26条1項）。また、

この通知がなされた場合にあっても、期間満了後賃借人が建物の使用を継続しているときには、賃貸人が遅滞なく異議を述べないと契約が更新されたものとみなされる。これを法定更新といい、法定更新後の借家権の存続期間は期間の定めなきものとなり（法26条1項但書・2項）、賃貸人が賃貸借の解約を申し入れ6カ月を経過すると契約は終了する（法27条）。ただし、賃貸人による更新拒絶や解約申入れには、正当事由が必要であることに注意すべきである（法28条）。

賃借権契約における賃借人を保護するため、賃貸人による契約の解消には、すべて正当事由が必要である。具体的な正当事由は、すべての事情を総合的に考慮して裁判所が認定することになるが、賃貸人の事情として建物使用の必要性、建物の効用の消失、立退料の金額、賃借人側の事情として、建物の利用状況、債務不履行の状況などが考慮する要素とされている。

④ 造作買取請求権

賃借人は、賃貸人の同意を得て建物に付加した造作または賃貸人から買い受けた造作を賃貸借契約終了時に賃貸人に対して時価で買い取ることを請求できる（法33条1項）。造作とは、建物に付加された物件であって賃借人の所有に属し、かつ、建物の使用に客観的な便益を与える設備等である。

造作買取請求権に関する規定は、従前の借家法においては、強行法規とされており、契約当事者が特約をもってしても排除できないこととされていたが、現行法では任意規定とされているから、一般的な建物賃貸借契約においては、賃借人の造作買取請求権は、契約条項によって排除されている。

c 賃貸借契約書の内容等

① 契約書の必要性

賃貸借契約は、賃貸人と賃借人との間の建物の賃貸借に関する合意である。この合意は、書面による必要はなく、口頭でも可能であるが、建物を使用収益させる賃貸人の義務（反面賃借人の権利である）およびその対価としての賃料を支払う賃借人の義務（反面賃貸人の権利である）が発生する以上、書

面にて契約を行うことが望ましく、実際に書面（電磁的記録を含む）によらない賃貸借契約は皆無に等しいであろう。特に、宅地建物取引業法（昭和27年法律第176号）には、宅地建物取引業者が賃貸借の媒介をしたときは、契約書の作成が義務づけられている（同法37条2項）ことからも、一般的な建物賃貸借契約には、契約書が必須である。したがって、ここでは普通借家権に関する賃貸借契約書を前提に説明をする。

② 賃貸借契約書の内容

普通借家権の賃貸借契約書に規定される内容は、契約の当事者、賃貸借の目的、存続期間と契約更新に関する事項、賃借人の建物の使用収益権、賃借人の賃料支払義務（賃料の金額、支払時期および支払方法）、賃料増減額請求に関する事項、敷金等の預り金に関する事項、建物の使用に伴う維持・管理に関する費用負担（共益費等に関する事項）、原状回復義務に関する事項などがあげられる。

ところで、賃貸人側からみて実効性のある事項として、次のような規定が考えられる。

(i) 使用損害金

賃借人が契約終了等により、建物を明け渡さなければならないにもかかわらず、居座っている場合には、通常の賃料の倍額の使用損害金を支払う旨の規定があれば、賃借人に対し明渡しを促す効果があると解される。賃借人が明渡しを懈怠していることは、債務不履行にあたり損害賠償責任を負うこととなるが、このような定めがなければ、賃借人の損害賠償責任は、賃料相当額にすぎないからである。

(ii) 残置物の処置

賃借人が建物を明け渡した際に、なんらかの残置物があった場合を考慮し、たとえば「賃借人は、建物を明け渡した際の残置物の所有権を放棄する」旨の定めを置くことが考えられる。このような条項によって、賃貸人が残置物を処分できるからである。

(ⅲ) 造作買取請求権の放棄

前記のとおり、法は賃借人に造作買取請求権を認めているものの、この規定は当事者の契約によって排除できる任意規定であることから、賃貸人としては、「賃借人は、造作買取請求権を放棄する」旨の特約を置くことが有効である。

(ⅳ) 暴力団排除条項

平成19年6月犯罪対策閣僚会議幹事会申合せによって、「企業が反社会的勢力による被害を防止するための指針について」が策定公表されたことから、各都道府県議会によって暴力団排除条例等が定められ、民間の契約書にも暴力団排除条項を規定することが一般的となっている。賃貸人としては、賃借人が暴力団、暴力団員または暴力団の準構成員等の反社会的勢力に該当することを許すことができないので、賃借人が反社会的勢力に該当することが判明した場合には、当然に契約を解除できる旨の規定を置くべきである。

③ 管理規則の制定および遵守義務

建物賃貸借契約書に細かな使用上の注意やゴミの出し方などを規定することはできるものの、このような細則は、賃貸人の建物管理権に基づく事柄であるから賃貸人が制定した管理規則によるとすることも可能である。かかる管理規則を賃貸借契約において有効とするポイントは、契約書の条項に「賃借人は、賃貸人の制定した管理規則を遵守する」旨の規定を置くことである。

d 賃借人の保証人の責任

① 問題の所在

建物賃貸借契約には、必ず賃借人に保証人が立てられることが条件となっている。賃借人の入居時において保証人となった者が、その後の契約更新において、保証人として賃貸借契約書に署名捺印をしていない場合には、保証人としての責任を負うであろうか。

② 裁判例

　上記問題につき、最高裁は、原則として責任を負うとしている（最高裁平成9年11月13日判決）。すなわち、賃料の定めのある建物の賃貸借において、賃借人のために保証人が賃貸人との間で保証契約を締結した場合には、反対の趣旨をうかがわせるような特段の事情がない限り、保証人が更新後の賃貸借から生ずる賃借人の債務についても保証の責めを負う趣旨で合意がされたものと解するのが相当であり、保証人は、賃貸人において保証債務の履行を請求することが信義則に反すると認められる場合を除き、更新後の賃貸借から生ずる賃借人の債務についても保証の責めを免れないと判示している。

③　保証人が責任を負わない場合

　契約更新時に署名捺印をしていない保証人も上記最高裁判決によれば、原則として責任を負うこととなるが、「反対の趣旨をうかがわせるような特段の事情」があり、「賃貸人において保証債務の履行を請求することが信義則に反すると認められる場合」には、保証人がその責めを免れることとなる。

　そこで、このような「特段の事情」が問題となるが、たとえば、下級審判決に次のような事案がある（東京地裁平成6年6月21日判決）。すなわち、保証人は本件賃貸借が2年間の契約で終了することなく、更新されることを承知して保証人となったことが認められるものの、賃借人の賃料支払がされないまま、賃貸人から保証人になんら連絡もなく、2回も賃貸借契約が合意更新されることはありえないことであるから、保証人は2回目の更新以降の賃料については責任を免れるべきであると判示したのである。ここでは、賃貸人が保証人に告知をしない間に保証債務が増加したことをもって、「特段の事情」であると解釈している。

e　賃借人の用法に関する問題

　建物賃貸借契約において、賃貸人が頭を悩ます問題として、賃借人の建物の用法違反がある。明確な用法違反があり、賃貸借契約の信頼関係を破壊する程度の事由であれば、契約の解除も可能であるものの、これに至らない用

法違反については、どのような手段をもって是正させるかが問題なる。ここでは過去に問題となった用法違反の典型的な事例について考える。

① 違法民泊

平成29年3月時点では、賃貸住宅をホテルのように使用して外国人旅行者などの宿泊施設に供することは、旅館業法に定める「簡易宿所」としての許可を得る必要がある。現在、東京都大田区のように国家戦略特区に指定されている地域でも地方公共団体の認定を得る必要がある（平成29年の通常国会において、民泊を解禁する「住宅宿泊事業法」が成立している）。

厚生労働省が民泊サイトに登録された物件1万件以上を抽出して分析したところ確実に営業許可のある物件は16.5％にとどまったとの報道もあるが、民泊はサイドビジネスとして利益率が高いようであり、定着しつつあるようである。

それでは、違法民泊が行われた場合、賃貸借契約にどのような影響を及ぼすであろうか。賃貸人としては、違法行為が継続されるのであれば、契約を解除することが考えられる。建物賃貸借契約の解除については、後記のとおり、賃借人保護の観点から、賃借人の行為によって信頼関係が破壊される必要がある。違法民泊は、その行為自体法令に違反しているから、信頼関係の破壊が認められるケースが多いと思われる。ただし、前記住宅宿泊事業法が成立したことから、法律にのっとって民泊が行われ、賃貸借契約に定められたルール違反となる行為等が認められないとすれば、たとえ住宅用建物賃貸借であって、賃借人に契約上の用法違反が認められるとしても、賃貸人による契約解除は認められない可能性が高い。

② 自宅における習い事教室の開催

自宅のアパート事業を使用して、子供英会話教室や華道教授などの習い事教室を建物賃借人が開始した場合、賃貸人として止めることを要請できるであろうか。たしかに、契約上の用法違反であるから、停止要請をすることはできるであろうが、賃借人がこれに従わない場合、契約を解除できるかについては、否定する裁判例（東京高裁昭和50年7月24日判決）もあることから、

賃借人が建物を棄損することなく、他の賃借人や隣人等に迷惑をかけていないような事情があれば、契約解除は困難と解される。

③ 団体名称の掲示

賃貸住宅の表札に賃借人個人の氏名以外の株式会社などの団体の名称が掲示された場合、賃貸人として注意を促すことができるか。

賃貸人として事情の説明を促し、事情を聴取することはできるが、当該団体の名称が指定暴力団などの反社会的勢力であることなどが明らかな場合は格別、一般的な企業等の名称であれば、信頼関係が破壊されたと解することはできないから、契約解除は困難である。

f 賃料に関する問題

① 問題の所在

建物賃貸借契約における賃料は、建物の使用収益の対価として、契約の両当事者にとって最も重要な契約の要素である。賃貸人にとっては高いほうがよく、賃借人にとっては低いほうがよいから、利害関係が最も相反するところである。

また、賃料は世間の経済動向等によって、相場が形成され、その額が増減するとの特徴がある。昭和の終末のバブル全盛の時代には、賃料相場が右肩上りだったが、バブル崩壊後の賃料相場は大きく下落した。

このように賃料相場に変化があり、かかる変化が個別物件の賃料に影響を与えることから、賃貸借契約の当事者の利害関係が衝突する賃料に関する紛争や適正賃料の定め方などについて説明を試みる。

② 賃料増減請求権

賃料が変動することにかんがみ、法は契約当事者である賃貸人と賃借人に賃料増減請求権を認めている（法32条1項）。

すなわち、同項は「建物の借賃が、土地若しくは建物に対する租税その他の負担の増減により、土地若しくは建物の価格の上昇若しくは低下その他の経済事情の変動により、又は近傍同種の建物の借賃に比較して不相当となっ

たときは、契約の条件にかかわらず、当事者は、将来に向かって建物の借賃の額の増減を請求することができる。ただし、一定の期間建物の借賃を増額しない旨の特約ある場合には、その定めに従う」と規定している。この規定によって、賃貸人も賃借人も賃料が不相当であると考えた場合には、その増減を将来に向かって請求できることになる。ただし、一定期間にわたり賃料の増額をしない旨の特約が賃貸借契約にある場合は、増減請求はできない。この特約は「一定期間」であって「未来永劫」では無効とされる。

③　賃貸人の賃料増額請求

　賃貸人が世間相場から賃料が低すぎると考えれば、たとえば、現在10万円の賃料を翌月分から11万円に増額することを賃借人に請求することができる。

　賃料増額請求権は、法的に「形成権」と呼ばれる権利であり、賃貸人が賃借人に意思表示をしてそれが賃借人に到達すれば、適正賃料の範囲でその効果が生ずることになる。それゆえ、先ほどの例では、翌月の賃料が11万円になる効果がある。

　これに対し、賃借人が賃料の増額請求を不相当であると考えるならば、最終的には後記のとおり、裁判手続にて決着をつけることとなるが、その間賃借人は「相当と認める額」の賃料を支払えばよい。先の例において、賃借人が現状の賃料を相当と考えれば、10万円を支払えば債務不履行に陥ることはなく、契約解除のリスクもなくなる（法32条2項）。ただし、裁判手続において適正賃料が確定し、その金額が賃借人の支払った賃料よりも高い場合には、賃借人は、その不足分と不足分に年1割の利息を付して支払う義務がある（同項但書）。

④　賃借人の賃料減額請求

　賃借人が現行の賃料を高すぎて不相当であると考えた場合には、賃料減額請求権を行使できる。たとえば、10万円の賃料について9万円が相当と考えたような場合である。

　賃借人の賃料減額請求権も前記と同様に形成権であり、賃借人の意思表示

が賃貸人に到達した時から効果が発生するが、賃貸人がこれに応じない場合には、後記のとおり、裁判手続となる。そして、裁判手続において決着がつくまでの間、賃貸人は、賃借人に対し、自ら相当と考える賃料の請求ができるから、賃借人はその賃料を支払わなければ、債務不履行に陥ることになる。先の例では、賃貸人が現行賃料を請求した場合、賃借人は10万円の賃料を支払うことになる（法32条3項）。ただし、裁判手続において適正賃料が確定し、その金額が賃借人の支払った賃料よりも低い場合には、賃貸人は、その不足分と不足分に年1割の利息を付して支払う義務がある（同項但書）。

⑤ 適正賃料をめぐる裁判手続

賃貸借契約当事者による賃料増額請求がなされた場合、まずは両当事者が協議することとなるが、協議によって賃料について合意できなければ、裁判手続によらざるをえない。

賃料改定について、その増減を求める当事者は、管轄裁判所（原則として相手方の住所地）に民事調停の申立てをすることになる（民事調停法24条の2第1項）。民事紛争は、民事訴訟によることが原則であるものの、地代や建物賃料については、調停から始めることとされているのである。これを調停前置主義というが、賃料改定をめぐる紛争は、訴訟よりも調停委員を挟んだ話合いの場である調停がより望ましい解決ができると判断されたのである。ただし、調停の見込みのない事件については、調停前置が採用されず、民事訴訟が開始する（同条第2項）。

民事調停は、裁判所から任命された民間人である調停委員2名が、賃貸人と賃借人の双方から事情を聴取し、双方の意見を加味した調停案を提示して、当事者の裁判所における合意に向けて期日を重ねる手続である。そして、調停が成立すれば、裁判所によって調停調書が作成され、その調書に記載された賃料が新たな賃料となる。

これに対し、調停が不成立となれば、賃料改定を請求する当事者が民事訴訟を提起することとなり、訴訟手続が開始する。民事訴訟手続では、当事者双方が賃料改定に関する主張を書面にて展開し、必要に応じて証拠を提出

し、現行賃料が不相当であることや相当であることの主張を裏付けることとなる。ただし、賃料改定訴訟において最も価値のある証拠は、裁判所によって採用された鑑定人の適正賃料に関する鑑定である。多くの事件において、不動産鑑定士である鑑定人が提示した鑑定の結果が適正賃料として採用されることになる。

　なお、賃料改定をめぐる紛争では、民事訴訟手続においても必ず裁判所から和解の勧告がされるであろう。判決にてドラスティックに解決するよりも、当事者の譲歩による和解によることが好ましい解決方法だからである。裁判上の和解も調停と同様に、当事者双方が最終的に採用した改定賃料に関する和解調書が作成され解決することになる。

g　敷金に関する問題

①　敷金とは

　敷金（保証金と呼ばれる場合もあるが本項では敷金に統一する）とは、建物の賃貸借契約に際して、賃貸借契約に係る賃借人の債務を担保するため、賃借人から賃貸人に差し入れられる金銭であって、契約終了後に賃借人の債務を控除した残金があれば、賃貸人から賃借人に返還されるものである。

　地域にもよるが、東京では居住用建物の賃貸借契約において、賃借人から賃貸人に賃料の1カ月分ないし2カ月分の敷金が差し入れられるのが一般的である。

②　敷金の法的性質

　まず、敷金は預り金であって、賃貸借契約終了後、残金があれば賃貸人から賃借人に返還されるべきものである。そして、敷金の返還時期については、判例によって明渡し時であるとされている（最高裁昭和48年2月2日判決）。すなわち、賃借人が建物を明け渡した後に原状回復に係る費用等を相殺し、残金があれば、返還されるべきと考えられているのである。したがって、賃借人は建物を明け渡してはじめて敷金返還請求権を行使できることになる。それゆえ、賃借人が敷金返還請求権を自働債権、賃料債権を受働債権

として相殺することはできない。

次に、敷金は賃料債務等賃借人の債務の担保のために差し入れられた金銭であるから、賃借人が賃貸借契約から負担するいっさいの債務を担保するとの性質を有している。

最後に、敷金には利息がつかないのが通常である。したがって、敷金の運用益は賃貸人に帰属することとなる。

③ 改正民法における敷金の規定

平成29年の通常国会にて「民法の一部を改正する法律案」(以下「改正法」という)が審議され、同年6月26日に可決成立した。改正法は、主に債権関係を改正する法律であって、債権分野では民法制定以来の大きな改正である。賃貸借は、民法に規定された典型契約であるが、改正法によって敷金が規定されることとなっているので、その内容を紹介する。改正法は敷金について、次のような規定を置いている。

【改正法】

第662条の2　(敷金)　賃貸人は、敷金(いかなる名目によるかを問わず、賃料債務その他の賃貸借に基づいて生ずる賃借人の賃貸人に対する金銭の給付を目的とする債務を担保する目的で、賃借人が賃貸人に交付する金銭をいう。以下この条において同じ。)を受け取っている場合において、次に掲げるときは、賃借人に対し、その受け取った敷金の額から賃貸借に基づいて生じた賃借人の賃貸人に対する金銭の給付を目的とする債務の額を控除した残額を返還しなければならない。

(1)　賃貸借が終了し、かつ、賃貸物の返還を受けたとき。

(2)　賃借人が適法に賃借権を譲り渡したとき。

2　賃貸人は、賃借人が賃貸借に基づいて生じた金銭の給付を目的とする債務を履行しないときは、敷金をその債務の弁済に充てることができる。この場合において、賃借人は、賃貸人に対し、敷金をその債務

> の弁済に充てることを請求できない。

　改正法は、敷金の定義を明示している。すなわち、敷金とは「いかなる名目によるかを問わず、賃料債務その他の賃貸借に基づいて生ずる賃借人の賃貸人に対する金銭の給付を目的とする債務を担保する目的で、賃借人が賃貸人に交付する金銭」とされているのである。

　次に、改正法662条の2第1項は、賃貸人が賃借人に敷金を返還すべき場合について、ア）賃貸借が終了し、かつ、賃貸物の返還を受けたとき、イ）賃借人が適法に賃借権を譲り渡したときと定めている。敷金の返還時期について、最高裁判決の明渡時説を採用しており、イ）についても最高裁昭和53年12月22日判決によるものである。

　さらに、2項も敷金に関する現状の実務を明文化した規定である。前記のとおり、敷金は賃貸借に基づいて生じた賃借人の債務を担保するための金銭であって、賃貸人は賃借人の債務に充当できるが、賃借人が自己の債務に充当できないからである。

h　借家権の譲渡および転貸借

① 借家権の譲渡と転貸借の要件（賃貸人の承諾）

　借家権は、債権であって借家人に帰属する権利であるから、譲渡することができる。また、借家人が第三者に当該借家を賃貸することもできる。これが転貸借である。

　民法612条は、「賃借人は、賃貸人の承諾を得なければ、その賃借権を譲り渡し、又は賃借物を転貸することができない」と定め（同条1項）、「賃借人が前項の規定に違反して第三者に賃借物の使用又は収益をさせたときは、賃貸人は、契約の解除をすることができる」と定めている（同条2項）。

　要するに、借家権を譲渡または転貸するには、当該建物の賃貸人の承諾が必要である。賃貸人が借家権の譲渡や転貸について与えた承諾は、撤回することはできず（最高裁昭和30年5月13日判決）、また、賃貸人の承諾は、借家

人または転借人のいずれに対してなされてもよい（最高裁昭和31年10月5日判決）。

② 借家権の譲渡に賃貸人の承諾がある場合

借家権の譲渡について、賃貸人の承諾がある場合の法律関係は、次のようになる。すなわち、借家権の譲渡によって元の賃借人は、賃貸借契約から離脱し、賃貸人と新たな賃借人（借家権の譲受人）との間で従前の賃貸借契約が継続することとなる。ただし、特別な合意（債務引受等）がなければ、元の賃借人が負担していた債務を新たな賃借人が負担することはなく、元の賃借人が差し入れていた敷金が新たな賃借人に承継されることもない。

③ 転貸借に賃貸人の承諾ある場合

転貸借に賃貸人の承諾がある場合の法律関係については、民法613条に規定がある。すなわち、同条1項によれば、賃借人が適法に賃借物を転貸したときは、転借人が賃貸人に対して直接に賃料支払等の義務を負うことになり、同条2項によって、賃貸人は賃借人に対して権利を行使することもできる。ただし、実際の取引では、賃貸人が転借人に賃料等の請求をすることはなく、転借人が賃借人に、賃借人が賃貸人に賃料を払うことになっている。

賃貸人と賃借人との間で、元の賃貸借契約を合意解除しても、転借人に対抗することはできない（大審院昭和9年3月7日判決）。

賃借人（転貸人）の賃料不払等の債務不履行によって、賃貸人が元の賃貸借契約を解除する場合、転借人に通知等をする必要はない。

④ 借家権の無断譲渡と無断転貸借の場合

民法612条2項によれば、借家権の無断譲渡や無断転貸借は、賃貸借契約の解除原因である。しかし、判例は、この事由による建物賃貸借契約の解除権を制限している。すなわち、当該無断譲渡や無断転貸借が背信的行為であって、信頼関係が破壊された場合に至ってはじめて賃貸借契約の解除が可能とされている（最高裁昭和28年9月25日判決）。

借家権の無断譲渡と無断転貸借が背信的行為と認められない特段の事情がある場合には、賃貸人の承諾があった場合と同様の法律関係となる。

i 賃貸借契約の解消と原状回復

① 問題の所在

民法616条は、使用貸借における598条を準用しているから、借家人は、建物を原状に復して、これに附属させた物を収去することができる旨を定めるだけであり、賃貸借契約の解消時における原状回復について沈黙しているに等しい。

建物明渡し時の原状回復については、賃借人に過大な義務を負担させていることが懸念され、実際に紛争となっている。そこで、原状回復の問題をどのように解決するかが課題となってきた。特に、通常損耗分（賃借人が契約に定められた用法に従って使用し、かつ、社会通念上通常の使用方法により使用していたならばそのようになったであろう状態）について、賃借人が負担しなければならないのか、賃借人が負担するとの契約条項の効力はどうなるか、という争点を惹起してきた。

② 最高裁判決

昭和29年2月2日の最高裁判決は、賃貸借の目的である家屋を工場に改造して使用することが賃貸借契約の内容であるときは、賃借人は、改造家屋について原状回復義務を負わないとしている。

加えて、平成17年12月16日の最高裁判決は、通常損耗分について、次のような判断を示している。すなわち、通常損耗分については、原則として賃貸人が負担すべきであり、通常損耗分について、賃借人に原状回復義務を負わせるには、少なくとも賃借人が補修費用を負担することになる通常損耗の範囲が賃貸借契約書の条項自体に具体的に明記されているか、仮に賃貸借契約書では明らかでない場合には、賃貸人が口頭により説明し、賃借人がその旨を明確に認識し、それを合意の内容としたものと認められるなど、その旨の特約が明確に合意されていることが必要であると判示した。

③ ガイドライン等

上記判例に先駆けて、旧建設省（現国土交通省）は、平成5年に「賃貸住

宅標準契約書」を策定公表し、各業界団体等に周知徹底する旨の通達を発出している（建設省経動発24号・建設省住民発16号平成5年3月9日）。その後平成24年に改訂された標準契約書14条1項には、「乙（賃借人）は、通常の使用に伴い生じた本物件の損耗を除き、本物件を原状回復しなければならない」と定めている。

加えて、国土交通省は平成23年8月に「原状回復をめぐるトラブルとガイドライン（再改訂版）」を策定し、そのなかで、原状回復における「損耗」ついて、ア）建物の自然的な劣化・損耗等（経年変化）、イ）賃借人の通常の使用により生ずる損耗等（通常損耗）、ウ）賃借人の故意過失、善管注意義務違反、その他通常の使用を超えるような使用による損耗の3種に分類し、ア）とイ）については、原状回復の対象とせず（賃貸人負担）、ウ）についてのみ原状回復の対象（賃借人負担）としている。

④　改正法案と原状回復

前記のとおり、平成29年の通常国会において、民法の改正法が成立したが、改正法には賃貸借契約における賃借人の原状回復について、次のような規定を設けている。

> 【改正法】
> **第621条（賃借人の原状回復）**　賃借人は、賃借物を受け取った後にこれに生じた損傷（通常の使用及び収益によって生じた賃借物の損耗並びに賃借物の経年変化を除く。以下この条において同じ。）がある場合において、賃貸借が終了したときは、その損傷を原状に復する義務を負う。ただし、その損傷が賃借人の責めに帰することができない事由によるものであるときは、この限りではない。

改正法は、賃貸借契約における原状回復の最高裁の判断および実務に従い、経年変化を賃借人の原状回復義務から除外するとともに、賃借人の責めに帰することができない損傷を原状回復義務から除外している。

j 定期借家権

① 意　義

　定期借家権とは、建物賃貸借契約において一定の期間を定めて、当該期間が満了した場合には、契約の更新がなく、確定的に終了する建物賃貸借である。

　前記のとおり、普通借家権においては、法定更新制度があり、賃貸人が更新拒絶をするには、事前通知および更新拒絶に関する正当事由が必要となるが、定期借家権においては、法定更新制度と正当事由が排除されている。したがって、賃貸人が定期借家契約を締結すれば、契約期間満了後、賃借人に建物の明渡しを請求できる（法38条）。

② 定期借家契約の締結

　定期借家契約の締結には、次のような要件を充足する必要があり、これらの要件に欠けると、当該建物賃貸借契約は普通借家権となる。

(i) 賃貸人による事前の書面交付および説明

　法38条2項は、賃貸人の説明義務を定めている。すなわち、定期借家契約を締結する場合、賃貸人はあらかじめ賃借人に対し、契約更新がなく、期間満了により契約が終了することにつき、書面を交付して説明しなければならないと規定している。注意すべきは、宅地建物取引業者が仲介する案件において、業者が重要事項説明をしていたとしても、賃貸人自ら賃借人に書面交付のうえ、説明をしなければならないことである。

(ii) 要式行為（書面による契約）

　定期借家契約は、書面によらなければならない。法38条1項が書面により契約をした場合に限り契約の更新がない旨の特約が有効であると定めているからである。

③ 存続期間

　定期借家権については、短期長期ともに契約期間に係る制限はない（法38条1項後段）。すなわち、民法604条による契約期間20年を最長期と定める規

定の適用はないので、20年を超えることも可能であり、法29条1項の定める1年未満は期間の定めなきものとみなすとの規定の適用もないのである。

④ 賃料増減請求権の排除

前記のとおり、建物賃貸借契約においては、法32条によって賃料の増減請求が認められており、この規定は強行法規と解されているが、定期借家権については、賃料増減額の特約がある場合には、法32条の規定の適用はないとされている（法38条7項）から、賃料増減請求ができないこととなっている。

⑤ 契約の終了

定期借家権は、存続期間が満了すれば、更新することなく契約が終了する。ただし、契約期間が1年以上の定期借家契約においては、賃貸人が契約の終了を賃借人に対抗するには、契約終了の1年前から6カ月前までに、賃借人に対して契約が終了する旨の通知をしなければならない（法38条4項）。賃貸人がこの通知を通知期間経過後に行った場合には、その通知の日から6カ月を経過すれば、契約の終了を賃借人に対抗することができる（同項但書）。

第3章

アパートの担保評価における留意点

1 担保評価の必要性と留意点

　アパートローンは、アパート事業に対する「事業性ローン」である。その意味では事業の成長性、持続性、社会的意味なども含めた幅広い観点から事業性を問う必要がある。また、不動産に対するローンであり、実行する際には、原則としてアパートを担保徴求することになる。

　そもそも、担保不動産の取得は、万一貸金が延滞し債務者からの回収が困難になった場合に、これを売却して貸金を保全することを目的としている。したがって、一定の融資比率、いわゆるLTV（Loan to Value）が低ければ低いほど、融資の安全性が高いと考えられる。ただ、最近の貸出状況をみると、すでに土地を所有している者に対し建物建築関連費のみを融資する場合のLTVはおおむね規定の担保掛け目の範囲内（一般的には60％～70％程度かと考える）に収まるのが通常で大きな問題はないかと考えるが、自己資本をほとんど入れずに購入するケースの場合は、旧来からの金融機関内ルールで査定した不動産価格をベースにすると、一定規模の都市の場合、LTVが100％を超過しているものも散見されると聞くことがある。これは旧来から不動産担保を扱ってきた審査担当者などからみると、違和感があるのではないだろうか。その意味では旧来からLTV算定の基準として使われている担保評価の方法に限界があるともいえる。たとえば土地価格を相続税路線価ベースで査定し、建物価格を加算するという積算価格基準の担保評価にもはや依存できず、不動産売買動向の収集などによる分析の必要性も高まっているものと考える。

　担保評価はまず貸出実行時に行われ、モニタリングの観点から一定期間（多くは1年）ごとに再評価を行うのが通常とされている。もちろん保全には、保証人への保証債務履行や保証会社の利用という債権保全方法もある

が、融資目的であるアパートという担保不動産がある以上、貸金回収の前提においては、まずこの処分が前提となり、不動産マーケットにおいて売れる価格を判定する必要がある。

　一般にアパートとしてハウスメーカーなどがパッケージ化しているものについては、建物などにおける法規面での大きな問題は少ないと考えられるが、やはり実行前における担保評価においては、まず担保としての適格性を十分に確認し、処分ができるものかどうかを見極める必要がある。そのうえで、実際に売却ができる価格を担保価値として把握することが必要となるため、担保評価についても「原理原則」に立ち返って担保評価を行うことは重要といえる。

　基本的には、ローン実行時にまず担保評価を行うが、事後管理・自己査定のために期中においても担保評価を行う。

　担保評価そのものは、相続税路線価などをもとに土地価格を査定、これに建物価格を加算する伝統的な方法が多く行われていることが多いが、現実の市況を反映させた収益還元法の適用などもふまえて評価を行うことが求められる。

2 貸出実行時と期中管理、それぞれの担保評価

　前述のとおり、担保評価は貸出実行時に行うものと期中管理として行うものの2つが存在する。それぞれの目的をまとめると、図表3－1のとおりとなる。

　アパートローンについては、住宅ローンに比べると1件当りの貸出額は大きいとはいえ、ほかの不動産賃貸の事業性ローンのケース（たとえば不動産証券化のケース）に比べると貸出額が小さく、評価に係るコストを抑えたい

図表3－1　担保評価の目的

貸出実行時における担保評価	【目的と方法】 （目的） □貸金の保全のための評価 □融資比率（LTV）算定のための評価 （方法） ①　まず担保物件としての適格性を調査する ②　担保不動産の市場における時価を把握する（土地・建物の積算価格と収益価格を査定する）
期中における事後管理・自己査定における担保評価（モニタリング時における担保評価）	【目的と方法】 （目的） □融資比率（LTV）の再算定 □期間経過による価値の変化を的確にとらえる □実際のアパート事業における採算性のチェック 　⇒環境変化予兆を含めて実施する （方法） ①　担保不動産の市場における時価を把握する（土地・建物の積算価格と収益価格を査定する） ②　アパート事業がうまくいかない場合は改善の可能性を考え、この実行による収益向上も企図する

ところであろう。また、昨今はアパートローンにおける金融機関間の競合が激しいことから、他行と比較して優位を確保する観点からも、借入申込みから審査までの期間の短縮が求められている。借入申込みから審査までの合理化にあわせて、担保評価についてもアウトソーシングやシステムの活用を含め合理化を図り、コストと期間を競争力のある水準にする必要がある。ただし、「原理原則」をふまえ精度を高めることを忘れてはならない。

　アウトソーシングの利用の仕方は、金融機関によってさまざまである。担保物件が広域に存在する場合や遠隔地に存在する場合に、物件の現地調査・役所調査・法務局調査・業者ヒアリング（価格等）を一括して、年間包括契約で不動産鑑定業社に発注している金融機関もある。アウトソーシングの支払手数料が交通費を下回るケースもあり、これによって生まれる金融機関職員の余力を事業性評価と営業に集中させるという観点もある。

3 不動産の評価手法と実際に行われている担保評価

　実際に担保評価はどのように行われているか検討してみたい。通常は「不動産鑑定評価基準」に記載されている不動産の評価手法を準用したものが多いかと考えられる。ただ、金融機関における担保評価の方法はやや異なる側面がある。

　ここでは不動産評価手法について解説を行ったうえで、担保評価手法の現状と注意点を述べる。

(1) 不動産の評価手法概説

　不動産の経済価値は、経済学的に知られているモノの価格決定メカニズムである「価格三面性」と同様に決まると考えられている。

　価格三面性とは、費用性・市場性・収益性の3つの側面を指すが、これを不動産に当てはめ、価格を求める評価手法を示したものが図表3−2となる。

　アパートローンの担保物件は、通常アパートであるため、不動産鑑定士に不動産鑑定評価を依頼した場合には、①「原価法」による「積算価格」、②「収益還元法」による「収益価格」を求め、これをもとに比較・分析（調整と呼ばれる）を行って鑑定評価額を決定することとなる。

(2) 原価法による積算価格の査定

　原価法は、費用性をもとに不動産の価値を求める手法で、不動産の構成要素である。すなわち土地と建物の価格をそれぞれ求め、これを積算して不動

図表3-2 「価格三面性」と不動産の評価手法

三面性	決定メカニズム（考え方）	評価手法（カッコ内は価格）
費用性	生産にどの程度コストがかかったか →供給者サイドに立った考え方 ※コストに見合って市場で価格が決定する考え方	原価法（積算価格） 土地価格と建物価格を積算する手法 ⇒建物付きの不動産の価格を求める際に適用する手法
市場性	市場においてどの程度の価値でみられるか。これらの要因を比較検討 →需要と供給の観点に立った考え方 ※需給バランスで価格が決定する考え方	取引事例比較法（比準価格） 売買事例を分析し、比較して価格を求める手法 ⇒主に土地の価格を求める際に適用する手法
収益性	利用することでどの程度収益が得られるか →需要者サイドに立った考え方 ※効能・収益を基準として価格が決定する考え方	収益還元法（収益価格） 不動産が生み出す純収益を還元利回りで除する手法 ⇒収益性が重視される不動産に適用される手法

産の価値を求める考え方である。このうち建物は償却資産であり、通常は新築時が最も価値が高く、期間が経過するにつれ価値が下がると考えるものである。

原価法では、このような点をふまえ、まず土地価格と建物については新築時における価格（新たに調達、再建築することを想定）を求め、ここから現在までの経過期間に応じた価値の減少を修正して価格を求める。この新たに調達、再建築することに要するコストを「再調達原価」、価値の減少の修正を「減価修正」と呼ぶ。

原価法を算式にすると以下のとおりとなる。

> 【原価法の算式】
>   土地の価格（更地価格：土地の再調達原価）
> ＋）新築時点における建物の価格（建物の再調達原価）
> －）減価修正（建物の経過年数に応じた減価額）
> ＝）積算価格

a　再調達原価の査定

　土地の再調達原価を求めるにあたっては、通常は価格三面性のなかの「市場性」をもとにした取引事例比較法を適用して求める（多数の類似の土地の取引事例を集め、この価格を比較検討する）。これに対し金融機関の担保評価においては前面道路の相続税路線価、固定資産税路線価、あるいは付近の公示標準地・基準地の価格をベースとして算定するのが一般的となっている。しかし、実際の売買事例と公的指標との間で差異があることも多いため、少し注意を要する点ともいえる。

　建物の再調達原価を求めるにあたっては、新築の建物であればこの建築費を参考とすることができるほか、金融機関によってはたとえば木造・鉄骨造・鉄筋コンクリート造等の構造と建物のグレードごとに標準的な建築単価をあらかじめ定めておいて、これをもとに面積を乗じて査定する方法もよくとられている。ただ、標準的な建築単価をもとに査定をする場合には、建築費相場が大きく上下変動する時期には、標準的な単価ばかりではなく、よく実勢をとらえる必要があると考える。

b　減価修正

　減価修正は、物理的な要因、経済的な要因、機能的な要因といったさまざまな要因を分析して、減額の要因を見つけ出す必要が本来はある。

　ただ、現実の金融機関の担保評価においては、おおむね以下の計算式で経

過年数をもとに減価額を査定するのが一般的となっている。

> 減価率 ＝ 経過年数 ÷（経過年数＋経済的残存耐用年数）
> ※金融実務的には経済的耐用年数－経過年数＝経済的残存耐用年数と考えることが一般化している。

　厳密には建物の躯体部分、設備部分、仕上げ部分といった区分で、それぞれ耐用年数が異なるものと考えられる。より細かく求めるとすると、使用部材や機械に応じてそれぞれ耐用年数が異なることになり、細かい査定作業が必要になる。

　ただ、現実には区分に分けて耐用年数を設定する方法が用いられる。このほうが、恣意的な要因が入りにくいこと、またアパートではオフィスビルなどのような建築グレードによる耐用年数の違いがあまりないことから、合理的であると考えられる。

　かつてほど厳しく指摘される面が少なくなっているようではあるが、融資期間は物件の経済的残存耐用年数の範囲内で設定するという見解に注意する必要がある。すなわち、債務完済前に建物の経済的価値がなくなることは、考えにくいということである。したがって、現実の建物の使用年限、入居者が確保できると考えられる年数をよくふまえたうえで、耐用年数を設定することが必要となる。

　なお、適切な大規模修繕に加え、リニューアル工事などもしっかり行っている場合には、その時点での建物の状況をよく見極めたうえで、当初設定した耐用年数を超えても価値が認められるかを把握することが重要といえる。

(3)　収益還元法による収益価格の査定

　収益還元法は、不動産が生み出す純収益を還元利回りで還元して不動産の収益価格を求める手法である。この手法にはさまざまな考え方をもとにいく

つもの計算式があるが、一般的に用いられているものには、単年度の純収益を還元利回りで還元する（単年度還元法、あるいは直接還元法と呼ばれる）手法と、複数年度の純収益、転売価格について割引率を用いて現在価値を求め、これらの合計を査定する（複数年度還元法、DCF法：ディスカウンテッドキャッシュフロー法）の2つがある。

不動産鑑定士による収益不動産の鑑定評価においては基本的に両手法が適用されるが、金融機関における担保評価においては単年度還元法が一般的に用いられていると考えられる。

単年度還元法を式で表すと次のとおりとなる。

純収益（運営収益 － 運営費用 ＋ 一時金の運用益 － 資本的支出）
÷ 還元利回り

収入面では、基本的にはアパートが満室稼働した場合における収益を求めたうえで、ここから空室発生リスクを勘案した空室損失相当額、貸倒損失相当額を控除して、現実的にアパート経営を行った場合に得られる収益（「運営収益」と呼ばれる）を求め、これを基準として査定することになる。

一方で、アパート経営を行ううえでは当然にして費用がかかることになる。通常かかる費用としては、建物の維持管理費用・修繕費・賃貸や建物の管理運営にかかる費用（PM費用と呼ばれる）、入居者募集費用、公租公課（土地・建物の固定資産税と都市計画税、償却資産の固定資産税が存在する場合もある）、損害保険料、その他かかる費用があればこれを控除する必要がある。

アパート事業の収支を査定するうえでは、一時金（一般的には敷金と呼ばれる）が差し入れられている場合はこの運用益を加算することになる。ただ、現状では運用利回りが非常に低いことから、大きな額になることは考えにくい。

一方で、資本的支出という項目で、将来における大規模修繕費用などをもとに、必要となる積立額相当額、実務上では将来の大規模修繕費用を必要と

なるまでの年数で割った数値を計上することが多いが、これを控除する必要がある。この額は相当大きなものになる可能性がある。

　通常、運営収益から運営費用を控除したものを運営純収益と呼び、NOI（Net Operating Income）とも呼ばれている。投資利回りの査定においてネット利回りと呼ばれるものはこの数値をもとに査定したものが多い。一方で、敷金など一時金の運用益、資本的支出の加減算を行ったものを純収益と呼び、NCF（Net Cash Flow）と呼ばれている。不動産鑑定評価における還元利回りはこれをベースに収益還元するための利回りとなる。

　収益還元法の計算式を例示すると、図表3－3のとおりとなる。

　収益還元法は基本的には実額を確認して採用する必要がある。このため当然にして賃貸借契約の写し、賃貸明細といった収入に関する資料に加え、管理契約書や実際の管理費用の明細、固定資産税などの納付書、損害（火災）保険契約書等の写しを債務者から徴求する必要がある。

　一方で、いわゆるサブリース方式の場合、エンドユーザーからの収入にかかわらず一定期間については安定した収入が入る側面はあるが、賃料改定による減額リスクもあることを十分に頭に入れたうえで、マスターリース賃料が妥当かエンドユーザーのテナント明細などももらい、実際の入居状況、入居者の明細、獲得賃料総額などもチェックする必要がある。

　サブリース方式を適用した場合における、単年度還元法を適用する場合の例を示すと、図表3－4のとおりとなる。

　現実には賃料収入が一括賃料であっても、その一括賃料の妥当性を検証する。たとえば現実に入居している賃料のほうが小さい場合はその額から保証料相当を控除したものを採用することも検討する。

図表3-3　収益還元法の計算式（例示1）

■通常の賃貸借の場合

満室想定の賃貸料収入	駐車場等の収入があれば加える
－）空室損失相当額	実際あるいは、周辺における空室発生状況などをふまえて査定する
－）貸倒損失相当額	マスターリース先の賃料不払リスクを勘案して計上するが、通常は敷金で担保されることが多い
＝）運営収益①	
－）維持管理費	建物の点検、清掃、警備等に要する費用 建物管理会社が一括管理しているケースもある
－）修繕費	賃貸運営上発生する軽微な修繕費用
－）PM費用	建物の管理運営会社などに支払う費用
－）入居者募集費用	新たな入居者確保のために必要な費用
－）公租公課	土地・建物・償却資産の固定資産税・都市計画税
－）損害保険料	建物の火災保険料
－）その他費用	その他に必要となる費用
＝運営費用②	
運営純収益③＝①－②（NOI：Net Operating Income）	
＋）一時金の運用益④	敷金等の一時金相当に対する運用益
－）資本的支出⑤	長期的にかかるものと考えられる費用年額相当 大規模修繕費用を視野に入れて
＝）純収益③＋④－⑤（NCF：Net Cash Flow）	
÷）還元利回り⑥	不動産の投資利回り
＝）収益価格	

図表3-4 収益還元法の計算式(例示2)

■サブリース方式を採用している場合

賃料収入	マスターリース賃料(一括賃料)収入 →一括賃料が妥当であるか検証を行う 　場合によっては修正を行う必要も出てくる
-)貸倒損失相当額	マスターリース先の賃料不払リスク (通常はあまり計上しないことが多い)
=)運営収益①	
-)建物管理費	管理会社へ支払う、清掃・点検・管理・修繕費用
-)公租公課	土地・建物・償却資産の固定資産税・都市計画税
-)損害保険料	建物の火災保険料
-)その他費用	その他に必要となる費用
=運営費用②	
運営純収益③=①-②	
+)敷金の運用益④	マスターリース敷金相当に対する運用益 ただし、通常の賃貸アパート・マンションをマスターリースする場合、敷金が差し入れられることがないので計上されることは少ない
-)資本的支出⑤	長期的にかかるものと考えられる費用年額相当
=)純収益③+④-⑤	
÷)還元利回り⑥	不動産の投資利回り
=)収益価格	

4 金融機関における担保評価の現状

(1) 担保評価の実施と現状での方法

　担保評価は、金融機関の内部での評価（融資担当者あるいは担保審査を行う専門部署が行うケース）、あるいは金融機関の関係会社により独自の査定基準での評価が行われることが多いと考えられる。複数の金融機関が参加するシンジケートローン等の対象となるような規模の大きなオフィスビルや商業ビル等は不動産鑑定会社に依頼することもあるが、アパートローンの担保となる物件は、評価額的に大きなものではなく、また近年では低金利による収益性の低下といった実状もあり、時間と調査コストをかけることができないことから、内部あるいは関係会社で査定が行われることが多いと考えられる。最近は、「不動産鑑定評価基準」にのっとった不動産鑑定評価以外に、金融機関の調査・評価の一部分（たとえば、現地調査、役所調査、法務局調査、業者ヒアリング、県別・構造別・規模別の再調達原価一覧作成、県内地区別の還元利回り一覧作成等）を、リーズナブルな料金でアウトソーシングできる不動産鑑定業社が出てきており、それをうまく利用する金融機関も増えている。

　金融機関内部あるいはその担保調査子会社では、住宅ローンの担保物件に対する評価で、データを打ち込むことで機械的に担保価値が求められるシステムを投入しているところが多い。これはアパートローンについても部分的には利用できると考えるが、「原理原則」は異なる。

　アパートローンはリテール（個人向け）ローンが多いが、住宅ローンの延長ではない。住宅ローンは個人の所得を返済原資とするが、アパートローンは、事業性ローンであり、アパート事業が生み出す収益が返済原資となるものである。アパートは、担保物件であると同時に融資目的（資金使途）物件

であり、アパート事業は事業性の対象である。したがって、審査も担保評価も、住宅ローンと同じではない。

担保評価は、もちろん精度が高いほうがよいが、小口で件数が十分に多い住宅ローンでは、リスク分散が認められるため、それほど高い精度を求められない。たとえば戸建住宅の評価については、土地の価格を相続税路線価、公示地価、基準地価格、固定資産税評価額といった公的価格を基準に査定し、建物について再調達原価、経済的耐用年数をベースに求めたものを加算するもの（「原価法」と呼ばれる手法に準じた方法）を標準型としているところが多い。

住宅ローンの審査基準は、あくまでも返済が必ず行われるかという観点が中心であり、給与所得等の安定性を中心に判断することとなる。したがって、担保としての住宅に対する評価精度を追求する必要はそれほど高くない。社内・社外（株主や金融行政当局）に説明できる公的指標をもとに査定を行うことで、大きな問題とされることは考えにくい（図表3-5参照）。

一方で、アパートローンについては、事業計画の精査、キャッシュフロー分析から返済可能性を確認するといったアパート事業の事業性の面から審査

図表3-5　住宅ローンとアパートローンの違い

同じ住居系建物に対するローンであるが

住宅ローン＝個人が居住するために取得するものに対するローン
→返済原資の確実性がポイント

アパートローン＝投資物件に対するローン
⇒事業計画とその確実な実行がポイント
⇒加えて担保物件が事業用不動産でありLTV算定などが重要になるため、担保評価にはより高い正確性が求められるものと考える

を行うことになる。担保はアパートであるが、住宅ローンよりも高額なケースが多いこと、不動産ローンという側面からLTV算定が欠かせないという点をふまえると、担保評価の精度は住宅ローンよりも高いものが求められる。特に不動産マーケットの実態に合致した担保価値をもとにLTVを算定しないと、リスク管理上適切ではない。

金融機関で実施されているアパートの担保評価手法は、戸建住宅の評価手法に準じた形式で、土地価格・建物価格を加算するケース、すなわち鑑定評価基準にいう「原価法」に準じた手法を用いているのが少なくない模様である。ただ、これについては担保価値把握の精度を高めるという意味では違和感がある。

原価法に準じた方法のみで担保評価を実施した場合の問題点として、以下の点が指摘できる。

【公的指標による土地価格の査定での注意点】

■相続税路線価をベースにした場合、実勢時価よりも低い価値で査定されてしまう（理論的には不動産の時価≒公示地価・基準地価格→この80%が相続税路線価）

　⇒かつては、担保評価額は低いほど保守性が高いと考えられたが、現在ではより正確性が高いことが求められていないか。

■公示地価・基準地価格をベースにした場合でも、実勢時価と離れている地域があることが多い

　⇒地価上昇期や下落期において、実勢時価の動きよりも公示地価・基準地価格の動きは遅く、実勢を反映していない側面がある。正確性を期する意味では実際の売買事例や市場動向をふまえて価格設定を行うほうがよい。

かつては手堅い評価は安全性が高いと考えられてきたが、近年では貸出のためには市場水準を十分把握して担保価値を求めることも重要となってお

り、簡略化しているなかでもこのような点をふまえる必要が出ている。ただ、これを満たすためにはいくつかの工夫が必要になる。この点については後述する。

(2) 収益還元法の併用の重要性と注意点

　そもそも、アパート経営は不動産賃貸事業であり、事業採算性を十分に検証する必要がある。またアパートの市場における取引の状況をみた場合、投資利回りが重視されるのが一般的であり、その意味では「収益還元法」を採用することが重要である。収益還元法は、実際の賃料・共益費収入等をもとに運営収益を求めて、実額の費用をもとに査定した運営費用、さらに一時金の運用益、資本的支出を加減した、いわば債務者（オーナー）にとってはネットの収益となる純収益と還元利回りをもとに価格を算出する手法であるが、この純収益査定は事業シミュレーションとリンクしている。したがって、シミュレーションを活用すれば、別途担保評価のために数字を追い求める必要がなく、むしろシミュレーションとの整合性がとれた評価であるという意味で非常に説得力が高いものとなる。

　収益還元法は純収益と還元利回りの2つの要素で価格が求められるものであり、純収益はシミュレーション分析を行って査定するため、シミュレーション分析を精緻に行うことで、純収益査定の精度は高まることとなる。一方で、還元利回りの設定次第で評価額が大きく変わってしまうという特性がある点に注意したい（図表3−6参照）。

　還元利回りを金融機関によっては「規定利回り」としているケースがみられる。「規定利回り」は文字どおり、たとえばアパートであれば何％、オフィスビルであれば何％といった規定された利回りであり、これを採用することになる。しかし、金融環境や投資需要の動向で還元利回りは大きく上下変動する性格を有する。したがって「規定利回り」を時々修正していかないと、実勢に合致した還元利回りが採用できないことになる。

図表3－6　収益還元法の適用方法と留意すべき事項

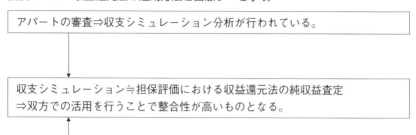

(3) 金融機関で行う担保評価

以上のポイントを整理したうえで、アパートローンにおける担保評価においては、「原価法」「収益還元法」という2つの鑑定手法に準じた方法を適用し、それぞれを調整して担保価値を求めることが、合理的かつ正確であるものと考える。この決定方法を示すと、図表3－7のとおりとなる。

(4) 積算・収益それぞれの価格の調整

原価法に準じて求めた価格、収益還元法に準じて求めた価格、それぞれを見極め、調整したうえで担保不動産の価値を査定することとなる。この「調整」は非常にむずかしく、場合によっては恣意性が入る可能性も否めない。しかし、いずれか片方の手法のみを適用するのに比べて、たとえば収益性面で厳しいといった要因分析ができる利点もあり、調整に付随して評価に関する留意点を導き出すことも可能となる。

図表3－7　金融機関内部での評価・関係会社評価における担保評価額の決定方法の例示

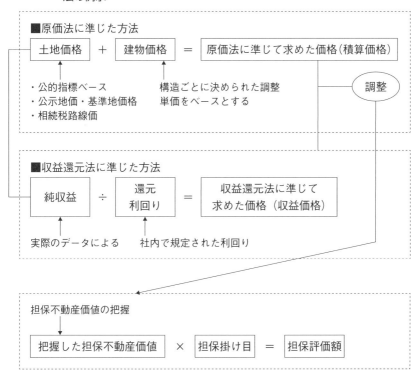

(5) 担保掛け目

　金融機関においては、担保評価において安全性を重視するため、担保価値を保守的に求める意味で、内部あるいは関係会社で求めた評価価格に対して、一定の掛け目（「担保掛け目」と呼ぶ）を乗じた価格を査定し融資判断に用いることが通常となっている。担保掛け目の設定は金融機関によって異なるが、おおむね50％～80％の掛け目が取り入れられているようである。

　そもそも、担保掛け目はもともと将来における価格下落リスクに対応する

第3章　アパートの担保評価における留意点　147

ものとして設定されたといわれており、物件の流動性や価格・賃料のボラティリティの大小でこの掛け目は調整されることもある。アパートは立地によって入居率や収益力の将来的な変動幅に差異があるとは考えられるものの、住居系用途の建物の需要は、一般的に景況感に極端に左右されないものと考えられており、通常は担保掛け目は一律に設定されている。

5 貸出時（入口）における担保評価の留意点

貸出時においては、事業シミュレーションをしっかり行うことになるが、同時に不動産事業であるという観点から、不動産の合法性などを確認しておく必要がある。その意味では、担保適格性を満たしているものであることが何よりも要請される。

(1) 担保適格性の確認

一般に金融機関が融資を行う際には、担保不動産に関して図表３－８の３原則を満たすものであることが求められている。

アパートローンは20年～35年の長期にわたるため、担保不動産は継続的に

図表３－８　担保適格性３原則

	原　則	その内容と留意点
1	安全性の原則	担保不動産が、自然崩壊などで容易に損壊するものでなく、また権利面でも第三者から詐害行為を受ける可能性が低いなど、安全であることが求められる。 ⇒**担保評価においてしっかりと調査する。**
2	確実性の原則	担保として徴収した以上は、収益が将来の一定期間にわたって確実に入るものであることが求められる。 ⇒**シミュレーション分析で行ったものを活用、再検証して担保評価に生かす。**
3	市場性の原則	貸金の返済が滞った場合には売却して返済に充てる必要があり、市場において比較的容易に売却・換金が可能であることが求められる。 ⇒**担保評価において換価性・流動性をしっかり調査する。**

収益（賃貸料等）を獲得できることが求められる。この判断は事業シミュレーションと重複する面があるが、担保評価においては、不動産という視点から再度貸出期間にわたる収益獲得の可能性を見極める必要がある。

以下で担保不動産の合法性に関する3つの留意点を例示するが、これらは収支シミュレーションとは別の視点からチェックを加える必要があり、特に貸出に際しての担保評価を入念に行わなければならない。

a 物件の合法性の確認

不動産を取り巻く法律には、都市計画法・建築基準法等さまざまなものが存在する。当然にして金融機関としては、これらの遵守は確実に求められるものであり、違法建築物への融資は絶対に行ってはならない。

最近のアパートは、大手のハウスメーカーにより建設されるものが多く、その意味では信用力の高い事業者が入っていることは合法性の面である程度の担保ができているとはいえる。ただ、長期ローンであるという性格や一度建築してしまうと容易に建替えができるものではないため、合法性の確認について事業者に依存せず、金融機関としてもしっかりと確認を行うことが重要といえる。

よくある違法建築の例として容積率超過、用途違反があるが、建設される建物がきちんと建築確認を受けているか「建築確認済証」をみせてもらい、工事完了時に「検査済証」を取得しているか確認する必要がある。

また、設計図書と実際に完成した建物に違いがないかチェックする必要がある。自己発注で建設会社に依頼するケースの場合は、オーナーが建物施工会社に無理な要求をすることがみられる。よくある法律違反の例として、1階部分をもともと駐車場として設計していたにもかかわらず、後から店舗を設置するケースがある。これは、建築基準法で駐車場として利用する部分については容積率が緩和されるので、この制度を活用してより大きな建物を建築するケースである。

b　市街化調整区域内に所在する物件の留意点

市街化調整区域の指定は、基本的には開発を抑制する目的で行われる。通常、この区域内において建物の建築等の開発行為を行う場合、行政機関の許可が必要となる。しかし、この許可基準がきわめて厳しいため、一般的に建物の建築はむずかしいと考える必要がある。

市街化調整区域内にアパートを建築するためには、たとえば開発許可を取得している、既存の建物の建替えであるから建設ができるといった法的根拠をよく調べておき、将来の建替えを含めて問題がないことを確認しておく必要がある。不動産処分上、建替えができない場合は価格が非常に低くなってしまうため注意しなければならない。

c　農地を転用してアパートを建設する場合の留意点

未利用になった農地を転用してアパート建設を行う場合には、いくつかの注意点がある。まず、土地の登記地目が「田」または「畑」の場合、農地法上の農地に該当する。農地法の規定は厳しく、都市計画法上の市街化区域に所在する農地で生産緑地指定を受けていないものであれば、転用のための届出を農業委員会に提出することで転用ができるが、市街化区域外に所在する農地については、農地法上他の用途への転用に大きな制限がかかっているので注意したい。いずれにしても、農地を転用する場合は、転用の可否を確認する必要がある。

(2)　担保評価にあたって用意するもの

アパートローンにおける担保評価は、建物完成前にまず行われ、その後実際に建物が完成した際に、再度物件チェックを行うことが多い。

新規にローンを出す場合においては、通常は建物をこれから建設することが多く、竣工して、建築確認をすませて、登記を完了させるまで、数量も確

定せず、実際にアパートが稼働しないと賃料収入や実際の運営費用等が正確に把握できない。したがって、不確定な要素が多いといえるが、できるだけ適切な事業シミュレーションを実施し、その後はヒストリカルデータを活用しながら担保評価見直し時に反映させることとなる。

まず、入口における担保評価で用意すべき資料としては、図表3－9のものがある。

図表3－9　担保評価で用意すべき資料

物件特定資料	□土地・建物※の登記情報 　※新築物件の場合、これから建築する場合は登記情報がないため、建築確認通知書等で確認することになる。 □位置図（縮尺10,000～20,000分の1程度のものと住宅地図） 　都市の中心や鉄道駅からの位置関係、隣接建物などが確認できる程度のものを用意する。 □土地の公図写し、実測図面（境界確定図） 　土地の範囲、面積、第三者所有地がないか、道路接面状況に問題はないか確認する資料として用意する。 □建物の設計図書（敷地図と平面図・立面図部分など） 　実際の建物と設計図書が一致しているか確認する。 　敷地図は地積を測量したものが多いため、実測図面がない場合に参考となる。 □建物の建築確認通知書 □工事が完了している場合は工事完了検査済証
土地価格情報	□相続税路線価図 □公示地価・基準地価格の価格表 □固定資産税評価証明（または納税通知書） 　いずれも土地の単価、価格を求めるための参考資料となる。固定資産税についての資料は債務者からもらう必要がある。 □土地の取引の売買事例 　金融機関によっては、住宅ローンを出す際などに売買事例を蓄積して、担保評価に活用することがある。売買事例をみることで、土地価格の実勢状況が判明するため、可能な限り用意できるとよい。

建物価格情報	□建物の建築請負契約書、設計・監理契約書 　（契約書の金額内訳があるもの） □固定資産税評価証明（または納税通知書） 　建物の再調達原価を求める場合の参考資料となる。なお、建築費が割高かどうか金融機関で把握している単価水準と比較する必要がある。
事業収支に関する資料（事業シミュレーションのものと重複するものがある）	□事業収支シミュレーションに関する資料 　アパートの事業計画書などがあればこれを利用する。 □建物の賃貸借契約書・賃貸明細 　すでに稼働している物件については賃貸借に関する資料をもらうこととなる。 　サブリース方式の場合は、一括賃貸契約書（マスターリース契約書）に加え、転貸契約書（サブリース契約賃）がわかる明細などをもらい検証に使う。 　明細形式のものは賃料、共益費、その他収入、敷金・保証金などが明示されているものがよい。駐車場などの収入がある場合はこれも同時に徴求する。 □建物の管理契約書 　一括契約を行っている場合は、これをみると清掃、設備点検、警備、修繕などの費用がわかる。 　新築物件でも契約書があれば金額はある程度確定する。 □費用明細 　自己管理によるアパートの場合は費用明細などを徴求し、実額を把握する必要がある。ただし新築の場合はデータがまだない場合が考えられるため、シミュレーション資料を用いる。 □公租公課に関する資料 　固定資産税・都市計画税の納税通知書の写しなどをもらう。 □損害保険に関する資料 　保険契約書の写しをもらう。 □周辺における賃貸事例・募集事例 　対象不動産と類似するアパートの賃貸事例や募集事例を収集する。これをもとに、建物完成後の賃料の査定、シミュレーションの妥当性の検証、サブリース方式における一括賃料水準が適正かどうかを判定する。

図表3−10 貸出時（入口）における担保評価の流れ

担保適格性	物件の合法性や処分の可能性について、安全性、確実性、市場性の3つの側面から担保として問題がないか確認する。

↓

担保評価のための資料の収集	① 物件特定資料により物的な側面、権利関係の側面での特定を行うこととなる。 ② 原価法に準じた査定を行うため、土地価格・建物価格を査定する資料を用意する。 ③ 収益還元法を適用するため、事業収支計画や収入・支出に関する資料を用意する。 ※資料の収集いかんで担保評価の精度に差異が出るので、できるだけ慎重に用意する。

↓

実地調査の実施	① 現地で対象不動産を確認したうえで、資料との相違がないかチェックする。 ② 担保として問題になるもの、詐害行為になりうるものがないか確認する。 ③ 対象不動産のみならず、周辺地域の状況をよくチェックする必要がある。 ⇒特に周辺における競合関係にあるアパートの状況（賃料・入居動向・築年数・新しいアパートの建築状況など）もチェックする。 ④ 実地調査にあわせて、公法上の規制などについて確認を行う。

↓

担保評価額の査定	原価法、収益還元法を適用して担保評価額を査定する。 （注意を要する点） ・建物の耐用年数の設定 ・還元利回りの設定 ・担保掛け目の設定

(3) 担保不動産の価値（担保価値）の査定

　担保適格性の確認、物件の特定、資料の収集、実際の実地調査を行ったうえで、担保評価を行い、担保価値を査定することとなる。ここでは原価法・収益還元法の2手法に準じた方法を適用して担保価値を査定する場合の留意点をまとめる。

a　原価法に準じた方法を適用するにあたっての留意点

① 土地面積における留意点

　土地価格を査定するにあたり、面積を確定することが重要となる。担保評価においては、一般的に登記簿記載数量（公簿地積）を採用することが多いが、公簿地積が必ずしも実測地積と一致するとは限らない。ただし、アパートローンの場合は、建築確認申請をするので、その際に使う実測図で確認すればよい。

② 土地価格（単価）を査定する方法

　土地価格を正確に把握するためには、取引事例を収集し分析したいが、不動産鑑定士でないと取引事例を収集するのは困難であり、金融機関の担保評価においては公的指標などを用いるのが一般的となっている（図表3-11参照）。

　よく用いられるのが、前面道路の相続税路線価（市街化調整区域などは設定されていないケースもある）で、これは時価（公示地価を基準）の80％程度を基準に定められている。相続税路線価が付されていない場合には固定資産税の路線価を調べる方法がある（これは時価の70％程度を基準としている）。

　公示地価・基準地価格は時価をベースに求められているが、これはその地点における評価単価を示したもので、この周辺全域の単価を示したものではない。対象不動産が公示地でない限り、対象不動産の評価単価は公示地価・基準地価格とは異なるものと考えたい。特に用途地域や容積率は位置的に近

図表3-11 3つの公的指標

	公示地価	基準地価格	相続税路線価
基準時点	毎年1月1日	毎年7月1日	毎年1月1日
実施主体	国土交通省	都道府県	国税庁
時価水準との割合	時価相当	時価相当	時価の80％程度
発表時期	毎年3月下旬	毎年9月中～下旬	毎年7～8月前後
確認方法	国土交通省のHP	都道府県のHP 国土交通省のHP	国税庁のHP

い場合でも大きく異なることがあり、接面する街路の幅員によって地価水準が大きく異なることもあるので注意を要する。

③ 建物価格（再調達原価）に関する留意点

建物の工事請負契約、設計・監理契約には、それぞれ契約代金が記載されている。契約書に記載された金額は、建物の再調達原価を求めるにあたって大きな参考になる。もちろん工事の途中で追加発生する代金も工事原価として認識すべきものであり、査定にあたっては参考にしたい。

【サブリース方式を提案する事業者における注意点】
サブリース方式を提案する建設業者には、通常の建築費よりも割高な設定を行い、ここで利益を確保することがよく行われるため、建築費相場と比べ妥当であるか確認を行うように心がける必要がある。

④ 建設事例の収集による建物価格水準の把握

金融機関では、多数のアパートローンを実行していることから、この建築費をまとめて分析することで、建物建築費水準がわかるようになる。たとえば図表3-12のようなマトリックスをもとに標準的な単価を把握すると、担保評価、審査、モニタリング等に活用できる。

図表3-12 建築単価の表（例）

構　造	木　造		鉄骨造		鉄筋コンクリート造	
タイプ	ワンルーム	ファミリー	ワンルーム	ファミリー	ワンルーム	ファミリー
地場業者						
ハウスメーカー						

※1㎡当りの標準単価。

図表3-13 工事請負契約書内の工事内容の分析

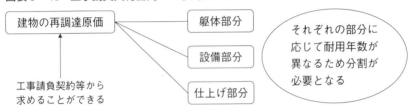

⑤ 建物の耐用年数

　建物については、大きく分けて躯体・設備・仕上げの3つの工事区分がある。当然、それぞれの工事区分・箇所によって耐用年数が異なる。

　たとえば鉄骨造の場合、躯体の耐用年数が35年～45年、設備や仕上げについては15年～20年が通常であり、計算上それぞれ分ける必要がある（図表3-13参照）。金融機関によっては建物の種類ごと、たとえば躯体を70％、設備・仕上げを30％といったかたちで分割して査定するケースがあるが、正確性を期する場合は、建物の工事請負契約書内の工事内容を分析する方法が考えられる。

b　収益還元法に準じた方法を適用するにあたっての留意点

　収益還元法は、純収益を還元利回りで還元して収益価格を求める手法で、価格決定要素は、「純収益」「還元利回り」の2つとなる。

　純収益は賃料収入などから獲得できる運営収益から、不動産の維持管理のために必要な運営費用を控除し、これに敷金の運用益を加算、建物の長期修

繕計画に基づく大規模修繕費用を査定してこれを資本的支出として査定して減算して求めることになるが、アパートローンの担保不動産についての留意点をいくつかあげると次のとおりとなる。

① 入口時の担保評価（＝建物完成前のケースがある）での留意点

収益還元法における純収益の査定は実額を基礎とする必要がある。ただ、アパートローンの貸出時においては、建物が未完成の状態のことも多い。したがって、実際のアパート入居が始まらないと獲得できる賃料収入、発生する空室の実績値が把握できない。

サブリース方式を採用した場合では、契約に基づいて一括賃料の額が確定しているため、正確な賃料収入算定ができ、建物の管理費用については一括での管理契約を締結していれば、これについても確度の高い数字がわかる。

ただ、建物の固定資産税・都市計画税の額は完成後の1月1日を過ぎないとわからないなど、ヒストリカルデータがないことによる不確実性は否定できないため、実際は1年程度賃貸運営を行わない限り不明な側面がある。

建物完成前の純収益査定は、不確定要素がある点に留意し、さまざまな観点から検証を行うことが大事で、実地調査においては賃料水準や入居動向などを把握するために周辺を調査することも重要となる。

② いわゆる「サブリース方式」の賃貸契約の場合の留意点

「サブリース方式」による一括賃貸がなされ、マスターリース契約が「保証型」と呼ばれるものであっても、契約が長期に継続するものではなく、また賃料が一定で保証されることを意味しない。賃料収入の検証という側面では、必ず一括賃料（マスターリース契約賃料）とエンドユーザーへの転貸賃料（サブリース契約賃料）の双方を確認する必要がある。

建物完成前であれ完成後であれ、一般に賃貸した場合に獲得できる賃料収入、空室率などを周辺の賃料相場や空室の状況などをチェックしたうえで、マスターリース契約賃料の妥当性・継続性・確実性を確認する必要がある。このため周辺の賃貸物件の賃貸事例などを収集するとともに、実地調査においても競合物件の状況、入居率などを調査しておく必要がある。

③ 還元利回りの設定

　還元利回りは、投資家にとってみると投下資本に対するリターンの比率を指すものである。

　金融環境、金利環境、投資を取り巻く景況感によって上下変動するもので、その時点における還元利回りを探るためには、実際に取引されているアパートの取引利回りを調べる必要がある。金融緩和期においては貸出金利が大きく下落するが、これにあわせるかたちで還元利回りについても低下する特徴がある。

　もっとも立地や経過年数、建物のグレード等により利回りに差異があるため、売買されている実例のいくつかを調べるだけでは適切な還元利回りを求めることはむずかしい。このため金融機関によっては「規定利回り」を設定していることが多い。

（i）参考となる指標

　一般財団法人日本不動産研究所が行っている「不動産投資家調査」（年2回実施）では「賃貸住宅の期待利回り等について」という調査項目があり、首都圏と主要都市についての利回りが記載されている。これは投資家に対するアンケート形式の調査をまとめたもので参考となる。

（ii）公表されているJ-REITの購入物件（HPなどから選定）

　J-REITが物件を購入する際には、購入価格の妥当性を示す意味で鑑定評価の概要が記載されており、ここに還元利回り、割引率が記載されている。類似のものがあれば参考とすることができる。

（iii）基準となる利回りを設定しこれに物件の特性を加味して査定する方法

　都市ごとに基準となる利回りをあらかじめ設定しておいて、これに物件の特性を考慮して加減する方法がある。

基準となる新築アパートの投資利回り：5.0％
【考慮する事項】
　　立地・接近　　：＋0.1％（駅からの接近性がやや悪い）

建物のグレード	：±0.0%（標準的なグレードである）
建物の経過年数	：±0.0%（新築物件であり考慮不要）
その他	：±0.0%　　　　　※記載している数値は例示である。

④ **大規模修繕費用の認識（⇒資本的支出への反映）**

　収益還元法の適用にあたり純収益を求める際に、将来的に発生する大規模修繕費用を、新築時点から認識したうえで、ある程度の額を概算しておくことも重要となる。

　収益還元法を適用するにあたっては、この費用が将来発生することを見込んで、毎期の純収益を算定する際に、資本的支出として反映させておく方法が一般的に行われる。

　サブリース方式を採用している賃貸物件の場合、大規模修繕が賃貸借継続の条件になっていることが多く、一般的な金額よりも多額になるケースが多いため注意が必要である。

6 モニタリングにあわせて行われる期中における担保評価

　アパートローンは、不動産賃貸事業の事業性ローンなので、事業性分析のためにモニタリングが必要である。定期的にレントロールを徴求し実地調査して、賃貸状況（賃貸条件、空室等）、管理状況等を把握して、近隣・周辺の市場、競合物件の状況等を調査して、分析する。このモニタリングにあわせて担保評価も実施する。モニタリングの調査の一部または全部と、担保評価の一部または全部を不動産鑑定会社にアウトソーシングしている金融機関もある。

(1) 期中における担保評価の意義

　不動産価格は時の経過により変動するため、担保不動産についても、貸出時において担保評価を行うとともに、期間経過に伴い価格見直しを行うことになる。見直し期間は、たとえばJ-REITや私募ファンドの場合は決算期単位などをメドに行う（半年に一度実施する）が、担保評価の場合通常は1年をメドに行い、ローンがリスク管理債権になった場合や地価下落といった不動産価格変動が激しい時期においては半年に一度実施して、融資比率（LTV）等の状況を見直しながら、ローンのリスク管理を行うことが多い。
　アパートローンは事業性ローンであり、定期的な事業性のためのモニタリングが不可欠となる。金融行政当局の指摘事項をみると、事後管理におけるアパートの収支状況の把握が適切に行われていないという点が依然として多く、今後注意する必要がある。したがって担保評価もモニタリングの結果に沿うかたちで適切に行うことが重要である。
　期間経過後の担保評価というと、保全上の事務的な側面が強く意識されが

ちであるが、実地調査を行うことも重要である。できるだけオーナーと面談して、賃貸状況や今後の修繕計画についてヒアリングを行いながら、事業状況のチェックを行うことが望ましい。業務上とれる時間に限りはあるが、対象物件周辺のマーケティングを含むさまざまな情報収集を行ったうえで、顧客に情報提供することも一案である。実地調査およびオーナーとの面談を良好な関係を構築する機会として活用し、リスク管理の側面に加えて、営業活動の一環として実施するという観点もある。

(2) 実地調査における注意点

　期中における担保評価においては、物的側面での変化がないか確認することが重要である。建物の増築や改築による登記状況との変化はないか、また敷地内に担保外物件が建設されていないかといった点をチェックすることになる。保全上、登記情報と異なる状況にある場合は、変更登記を行うなど現況と一致させる必要がある。

　アパートという商品として競争力が低下していないかという観点から物件をみることも重要である。期中における担保評価では入居者が存在するため、内覧ができないことが一般的であるが、外観やエントランス、廊下といった共用部の状況、清掃・管理の状況などをみて、他の物件との競合に負けない商品力を有しているかチェックする。

　改装・修繕の実施状況・予定などについては、オーナーへのヒアリングを行うなどで確認することが重要となる。

(3) 期中において担保評価手法を適用するうえでの留意点

　アパートの担保評価は、一般的には原価法・収益還元法（単年度還元法）に準じた手法を適用することになるが、この適用時の留意点をまとめてみた

い。

a　原価法に準じた手法の適用

　原価法に準じた手法は、図3-14のとおり、地価の変動、建物の減価を経年に応じて反映させるという事務的な作業が中心になるが、できるだけ時価に近づけるという観点からいくつか気をつけたい点がある。

　アパートは、住宅地に多く所在することから、商業地に比べると地価水準が大きく上下変動することは少ないが、変動率をきちんと把握する必要がある。地価変動は、景況変動期が最も大きいものとなるが、周辺の環境の変化による地価変動も考慮する必要がある。地域の中核企業の撤退や交通機関の開通などで住宅地地価も大きく変動することがあるので、常にチェックしておく必要がある（図表3-15参照）。

図表3-14　原価法に準じた手法の一般的な考え方

土地価格の査定	相続税路線価、公示地価・基準地価格の変動にあわせて土地価格の見直しを行う。
建物価格の査定	建物についての経年減価を減価修正で反映させる。

図表3-15　原価法に準じた手法の具体的な適用法

土地価格の査定	前回の土地価格単価 × 地価変動率※ ＝ 今回の土地価格単価 ※地価変動率の査定 　公示地価・基準地価格・相続税路線価変動率をもとに査定する 今回の土地価格単価 × 地積 ＝ 土地価格
建物価格の査定	建物の減価修正額を見直して建物の再調達原価から差し引く 　　建物再調達原価　躯体部分　×　減価率※　＝　減価修正額① 　　　　　　　　　　設備部分　×　減価率　　＝　減価修正額② 　　＋）　　　　　　仕上げ部分　×　減価率　　＝　減価修正額③ 　　　　　建物の減価修正額合計　　　　　　　　　①＋②＋③ 　　※減価率：経過年数 ÷（経過年数 ＋ 経済的残存耐用年数） 　　建物の再調達原価 － 建物の減価修正額合計 ＝ 建物価格

b 収益還元法に準じた手法の適用

期中における価格見直しでは、収益還元法における純収益が景況の変化により賃料収入に影響が出ることや、競合物件が完成することにより入居率に変化が出ると大きく変動する可能性がある。また金利環境、投資環境次第で還元利回りにも差異が発生するため、収益価格の変動はそれなりに大きなものになる可能性がある。

基本的には入居状況の把握を行い、獲得している賃料の状況を確認したうえで純収益を見直して査定することになり、同様に費用面についても年次データをオーナーから取得して新たな数値を用いることになる（図表3－16参照）。

図表3－16 収益還元法の各項目と見直しポイント

項　目	見直しポイント
潜在収益	入居賃料にあわせて見直しを行う
－）空室損失相当額等	空室状況にあわせて見直しを行う
－）貸倒損失相当額	通常敷金があれば計上しない
＝）運営収益	
－）運営費用	維持管理費、修繕費、公租公課、損害保険料等各項目について実額にあわせて見直しを行う
＝）運営純収益	
＋）一時金の運用益	敷金の金額などの変動にあわせて見直しを行う
－）資本的支出	大規模修繕の必要性などに応じて見直しを行う
＝）純収益	
÷）還元利回り	景況感、金利水準、取引利回りにあわせて見直しを行う
＝）収益価格	

c 想定数値で貸出時に担保評価を行った場合の留意点

新築アパートで入居者が決まっていない状況で貸出時の担保評価を行った場合などには、実際に賃貸運営を行ったデータをもとに評価との差異を検証することが必要となる。

この場合、想定した賃貸条件と実際の賃貸条件に差異がある場合は、実際の賃貸条件の数値にあわせて評価をし直す必要がある。

見直し時には事業環境の変化をとらえる必要がある。特に対象物件周辺におけるアパートの競合物件の状況を調査する必要がある。新築物件や建築中の物件はないか、またその賃料はいくらかといった事項は、期間経過後の価格見直し時点等にチェックを行うことで、将来の対象物件の競争力がどうなるか、またこれを維持するためにどのような努力が必要かといった点を把握するために不可欠ともいえ、この状況の変化を収支面などに反映させることが重要となる。

さらに、期間経過で対象物件について適切な修繕・更新などを行っているかどうかも確認する必要がある。

d いわゆるサブリース方式における留意点

サブリース方式の契約の場合、アパートを一括で賃貸することから、契約期間における賃料改定期までは入居状況にかかわらず一定の賃料がオーナーに入ることになる。

ただ、入居状況次第によっては賃料改定期において、一括契約賃料が減額される可能性がある点は前述のとおりで、サブリース方式の賃貸契約を締結している場合でも、期間経過後の価格見直し時期などで、エンドユーザーへの賃貸状況を確認する必要がある。

7 担保評価の例示と取組み方

　担保評価の例として、アウトソーシングした場合の不動産鑑定業者によるレポート例を示し、自ら担保評価を行う場合でも調査項目等は同じなので、このレポート例により説明を進める（図表3－17参照）。

　まず、机上（ネット、文献等）で調査し、法務局・役所・対象地等の確認、実地調査計画の策定等の実地調査の準備を行う。この準備に基づき実地調査に赴き、「法務局調査」「行政（役所）調査」「現地調査」を実施し、このレポートの各項目を埋めて、調査部分を完成させる。

　次に、「価格査定」を行う。

　積算価格は、土地については、公的指標（公示価格、基準地価格、相続税路線価）から求め、建物については、実際の建築費を標準に再調達原価を判定し、経年、現況等を参考に現価率（1－減価率）を判定し、求める。

　収益価格は、直接還元法により求める。実際の賃貸条件、賃貸状況を参考にして、還元利回り等の諸元は、各金融機関の規定に基づき、市場の実勢も反映させて求めたい。

　レポート例では、収益価格を調査価格としているが、積算価格と積算価格の中間値を調査価格とするケースもあるだろう。調査価格を担保価格とするか、掛け目をどうするか、各金融機関の規定および判断による。

　このレポート例の様式と項目を利用して担保評価することもできるが、この担保評価の全部または一部を不動産鑑定業者にアウトソースすることもできる。

　担保物件が広域に存在する場合や遠隔地に存在する場合に、法務局調査・行政（役所）調査・現地調査・価格査定の全部または一部を、事前に総括契約を締結して不動産鑑定業者に発注している金融機関がある。調査料が金融

機関の職員が行う場合の交通費等経費を下回るケースもあり、金融機関職員の余力を営業と事業性分析に集中させるという観点からも有効である。

　金融機関職員は、「物件調査」(法務局調査、行政調査、現地調査)および「価格査定」をどのように実施するかを知っておくべきであり、また重要な案件は自ら行ったほうがよいかもしれないが、すべての案件を自ら行う必要はない。担保評価を金融機関職員の人件費で行っていては割にあわないこともある。

　また、システムを活用するケースもある。

　ただし、このシステムを活用するケースでも、実地調査に赴き、法務局調査、行政(役所)調査、現地調査を実施することは省けない。

　金融機関が自前の情報系システムを使って担保評価を行う場合、還元利回り等の諸元データを、精度を高めて客観性ももたせるために、専門機関である不動産鑑定業者に調査させて1年ごとないし半年ごとに更新しているケースもある。

　もし、金融機関にそのようなシステムがない場合あるいは不十分な場合には、利用可能な外部のシステムもある。1件当り○○円という従量制の料金設定になっている。その評価システム(「収益評価レポート」)、および事業収支検証システム(「キャッシュフロー表」)の例は図表3－18、3－19のとおりである。

　なお、典型的な「不動産鑑定評価書」および「ER」は、別途いろいろなところで目にすることができるので、本書では例を示すことはしない。

　対象物件が高額な大規模マンションならば、精度が高く、これら「不動産鑑定評価書」および「ER」の利用は合理的であるが、通常のアパートローンには不相応かもしれない。コストが見合わないと思われる。

　通常のアパートローンには「価格調査(収益評価付)」(図表3－17)および「インスペクション」(図表2－6)の利用が合理的である。

図表3-17　担保評価レポート例:「価格調査（収益評価付）」サンプル
　　　　　　（株式会社三友システムアプレイザル提供）

発行番号：12345678
発　行　日：**平成26年〇月〇日**

価格調査α〔収益付〕
サンプル
この価格調査書並びに添付書類
はイメージです。

株式会社 〇〇〇〇 御中

価格調査

公益社団法人　日本不動産鑑定士協会連合会会員
株式会社 三友システムアプレイザル　㊞
東京都千代田区平河町1丁目2番10号
平河町第一生命ビル4階

総括不動産鑑定士　　三友　太郎　㊞

［提携：　株式会社　三友不動産研究所　　］

不動産鑑定士　　鑑定　一郎　㊞

　本件価格等調査に当たっては、自己又は関係人の利害の有無その他いかなる理由にかかわらず、公正妥当な態度を保持し、専門職業家としての良心に従い、誠実に不動産の価格調査を行なった。

価格調査α

実査日：平成26年○月○日
株式会社三友システムアプレイザル
類型：貸家及びその敷地

法務局調査

土地
所在
地番：東京都千代田区○○町一丁目1番1外1筆
住居表示：○○町一丁目1番1号

地番	公簿地目	地積	対象持分	所有者	持分面積
1番1	宅地	78.29㎡	100 / 100	株式会社○○○○	78.29㎡
1番2	宅地	186.18㎡	100 / 100	株式会社○○○○	186.18㎡

有効地積 264.47㎡　私道負担　うち借地契約

建物

家屋番号	種類	延床面積	持分	所有者	名称
1番1	事務所	1,400.00㎡	100 / 100	株式会社○○○○	○○ビル

建築年月日：H14.6.22　増改築：無し　建築面積：200.00㎡　構造：鉄骨造 陸屋根 7階建

行政調査

都市計画区域等：市街化区域　用途地域：商業地域　防火規制：指定無し
建蔽率：80％　容積率：500％　高度規制：指定無し　日影規制：有り(3h 2h 1.5m)
都市計画道路：無し　区画整理・再開発：無し　(仮換地街区番号)　地積
その他規制：無し
主要道路種別：市道(42条2項)　接道間口：2m 以上　敷地延長：無し
建物用途制：無し　その他：無し
建築可否：可　建築確認要件充足

現地調査

交通関係：JR○○線 ○○駅 南東方約 4,000m バス ○○ 停約 200m
環境：商住混在 南西：嫌悪施設等 特に無し　上水道：有り　都市ガス：有り　公共下水道：有り
接道：中間画地 南西：市道(42条2項) 4.5m 舗装有り
形状：不整形　高低差：正面路より約 0.2m ～ 0.5m 高い　崖・法地割合：　現況用途：事務所の敷地
表以外の件外物：無し　登記の有無：　敷地における位置：　建築面積：　㎡程度　登記要件の充足
建物 品等：中位　保守状況：普通　現況用途：事務所　入居者：無し(電気切断・外部鎖錠あり)表札・ポスト：無し

価格査定

価格時点：平成24年○月○日　調査を行った年月日：平成24年○月○日

＜積算価格＞

土地
| 標準画地 | 1,600 | 千円/㎡ × 個別格差率 97 % = | 1,550 | 千円/㎡ |
個別格差率(相乗積で計算)：方位 ＋3　形状 ▲6
1,550 千円/㎡ × (所有権 100 % ×) 264.47 ㎡ + 　 ％ × 　㎡ = 410,000 千円
基準地：千代田－○ ○○町○番○　2,260 千円/㎡ H23年
路線価等　基準地路線価 1,790 千円/㎡　対象地 相続税路線価 1,480 千円/㎡ H24年

建物
再調達原価 200 千円/㎡ × 現価率 45.0 % = 90 千円/㎡
現価率：(経済的残存耐用年数 10.0 ÷ 通算耐用年数 20.0) × (1 − 観察減価率 10 %) = 45.0 %
建物 90 千円/㎡ × 1,400.00 ㎡ × 持分補正 = 126,000 千円

総額
土地価格 410,000 千円 + 建物価格 126,000 千円 = 総額 536,000 千円
総額 536,000 千円 ×(1 − 調整率 0 %) = 536,000 千円
調整率根拠：

＜収益価格＞

償却前純収益 47,301,016 円　還元利回り 9.0%　収益価格 526,000 千円　(別紙参照)

＜調査価額＞

上記の通り、積算価格と収益価格が求められた。
対象不動産は投資物件であることから、収益価格をもって調査価額を以下の通り決定した。

調査価額　526,000 千円

本調査は、価格調査の基本的事項及び手順の一部が不動産鑑定評価基準に則っていないため、同基準に則った鑑定評価を行った場合には結果が異なる可能性があります。
本調査は、別紙記載の依頼目的以外での使用及び記載されていない者への開示は想定しておりません。

特記
- 対象地周辺は、商業ビル・マンションが多く見られる一帯であり、対象地は数少なく残された居宅が立地している。
- 対象地は三角形に近い台形であり建物の建築にはやや難のある形状であるが、接道が南側にあるため、日当たりはこの地域として非常に良好である。
- 周辺には対象地と同様の用途に供されている土地が散見されるが、外観上非常に古い建物が多く見られ、用途地域が商業地域であることから、今後はさらに建物の高層化がすすむものと思料される。

別紙

直接還元法による収益価格

試算額根拠

☑ 現行賃貸条件をもとに試算　☐ 市場賃料及び標準的経費をもとに試算　理由：

賃貸条件

階層等	用途	床面積 (㎡)	有効率	有効面積 (㎡)	月額支払賃料 (円/㎡)	月額支払賃料 (円)	共益費 (円/㎡)	共益費 (円)	共益費込賃料 (円/坪)	保証金敷金等 (円)	権利金礼金等 (円)
1	事務所	200.00	80.00%	160.00	5,000	800,000	0	0	16,529	6,400,000	0
2	事務所	200.00	80.00%	160.00	5,000	800,000	0	0	16,529	6,400,000	0
3	事務所	200.00	80.00%	160.00	5,000	800,000	0	0	16,529	6,400,000	0
4	事務所	200.00	80.00%	160.00	5,000	800,000	0	0	16,529	6,400,000	0
5	事務所	200.00	80.00%	160.00	5,000	800,000	0	0	16,529	6,400,000	0
6	事務所	200.00	80.00%	160.00	5,000	800,000	0	0	16,529	6,400,000	0
7	事務所	200.00	80.00%	160.00	5,000	800,000	0	0	16,529	6,400,000	0
8											
9											
10											
計		1400.00	80.00%	1120.00		5,600,000		0		44,800,000	0

用途別	用途	空室率	入替期間 (年)	有効面積 (㎡)	月額支払賃料 (円)	共益費 (円)	保証金敷金等 (円)	権利金礼金等 (円)
	事務所	8.0%	5	1120.00	5,600,000	0	44,800,000	0

運営収益

項目			査定額	査定根拠
(a)	可能貸室賃料収入		67,200,000 円	
		事務所	67,200,000 円	月額支払賃料の12ヶ月分を計上
				月額支払賃料の12ヶ月分を計上
				月額支払賃料の12ヶ月分を計上
(b)	可能共益費収入		0 円	
		事務所	0 円	月額共益費収入の12ヶ月分を計上
				月額共益費収入の12ヶ月分を計上
				月額共益費収入の12ヶ月分を計上
(c)	駐車場収入		0 円	月額賃料(円) 台数(台) 月数
			0 円	0 0 0
			0 円	0 0 0
(d)	可能水道光熱費収入		0 円	
			0 円	収入・支出の差額を費用計上するためここでは計上しない
(e)	空室損失等		5,376,000 円	
		事務所	5,376,000 円	空室率を上記の通り査定して計上
				空室率を上記の通り査定して計上
				空室率を上記の通り査定して計上
		駐車場	0 円	空室率を5.0%と査定して計上
(f)	貸倒損失		0 円	保証金により担保されているので計上しない
(g)	貸室収入		61,824,000 円	{(a)〜(d)の合計} −{(e)+(f)}
(h)	その他の収入		2,060,800 円	
	(1) 権利金・礼金等		0 円	
		事務所	0 円	平均入替期間・空室率を上記の通り査定して計上
				平均入替期間・空室率を上記の通り査定して計上
				平均入替期間・空室率を上記の通り査定して計上
	(2) 更新料		2,060,800 円	
		事務所	2,060,800 円	平均入替期間・空室率を考慮し、期間中2年に1度の更新料収入として計上
				平均入替期間・空室率を考慮し、期間中2年に1度の更新料収入として計上
				平均入替期間・空室率を考慮し、期間中2年に1度の更新料収入として計上
	(3) 看板		0 円	
	(4) 自販機収入		0 円	
	(5) その他		0 円	
	運営収益		63,884,800 円	(g) + (h)

別紙

直接還元法による収益価格

	建物再調達原価(円)	280,000,000

運営費用

項目		査定額	査定根拠
(i) 維持管理費		3,360,000 円	有効面積当たり月額 250 円/㎡と査定して計上
(j) 水道光熱費支出		2,688,000 円	有効面積当たり月額 200 円/㎡と査定して計上
(k) 修繕費(資本的支出を除く)		840,000 円	建物再調達原価の 0.30%と査定して計上
(l) 原状回復費		412,160 円	
	事務所	412,160 円	有効面積当たり 2,000 円/㎡と査定し、平均入替期間・空室率を考慮して計上
(m) PMフィー(管理運営業務に係る経費)		1,916,544 円	運営収益の 3.0%と査定して計上
(n) テナント募集費用		1,030,400 円	
	事務所	1,030,400 円	平均入替期間・空室率を考慮して計上
			平均入替期間・空室率を考慮して計上
			平均入替期間・空室率を考慮して計上
(o) 公租公課(土地)		3,493,000 円	商業地等:相続税路線価/0.8×0.7×地積×0.6×1.7%(固定資産税率+都市計画税率)
(p) 公租公課(建物)		1,428,000 円	建物再調達原価×0.6×(残存年数/総耐用年数)×1.7%と査定して計上
(q) 公租公課(償却資産)		0 円	ご提示資料における実額
(r) 損害保険料		280,000 円	建物再調達原価の 0.10%と査定して計上
(s) その他		0 円	
運営費用		15,448,104 円	(i)~(s)の合計　　OER(運営費用/運営収益): 24.2%

運営純収益

運営純収益(NOI)	48,436,696 円	運営収益-運営費用

純収益

(t) 保証金・敷金等の運用益		824,320 円	
	事務所	824,320 円	運用利回りを 2.0%と査定し、空室率を考慮して計上
			運用利回りを 2.0%と査定し、空室率を考慮して計上
	駐車場	0 円	運用利回りを 2.0%と査定し、空室率を考慮して計上
(u) 資本的支出		1,960,000 円	建物再調達原価の 0.70%と査定して計上
純収益(NCF)		47,301,016 円	運営純収益+(t)-(u)

収益価格

還元利回り	9.0%	市場における最も投資リスクが低いと認められる不動産の利回りを基準として、対象不動産に係る地域的特性・個別性を考慮するとともに、将来の動向を織り込んで査定した
収益価格	526,000,000 円	NOI利回り(運営純収益/収益価格): 9.2%　有効面積単価(収益価格/有効面積): 469,643 円

備考

見 本

国土交通省が策定した「不動産鑑定士が不動産に関する価格等調査を行う場合の業務の目的と範囲の確定及び成果報告書の記載事項に関するガイドライン」に基づく記載事項

1. 依頼目的

資産評価

2. 公表または開示の有無

(1)査定表の公表の有無	無し	
(2)査定表の開示の有無	有り	・有限責任監査法人●●●● ・株式会社ABC銀行
(注)後日上記内容と相違することになる場合には、当該公表または開示の前に当社宛に文書等を交付して、担当不動産鑑定士の承諾を得ることが必要になります。		

3. 不動産鑑定評価基準との主な相違点と合理的な理由

【基本的事項】

想定上の条件	土壌汚染、アスベスト等の可能性については考慮外とする。
価格等を求める方法又は価格等の種類	下記の手法を適用して求めた価格

【調査の手順】

対象不動産の確認	特に無し
資料の収集及び整理	特に無し
資料の検討及び価格形成要因の分析	土壌汚染、アスベスト等については、可能性の有無にかかわらず独自調査は行わない。
適用する価格等調査の手法	原価法に準じた手法及び収益還元法を適用
試算価格等の調整及び調査価格等の決定	特に無し
成果報告書への記載	鑑定評価基準と相違している事項のほか、市場分析に係る事項については記載しない。

《相違の合理的な理由》
本査定は、上記のとおり不動産鑑定評価基準との相違点があるが、時間的な制約および依頼目的、使用方法等に照らして合理的であると認められます。

4. 利害関係

(1)不動産鑑定士又は不動産鑑定業者の対象不動産に関する利害関係	無し
(2)依頼者と不動産鑑定士又は不動産鑑定業者との間の利害関係	無し
(3)開示・提出先と不動産鑑定士又は不動産鑑定業者との利害関係	無し

5. 関与不動産鑑定士の役割分担

	業者名	不動産鑑定士名	業務内容
受託業者	㈱三友システムアプレイザル	表記署名のとおり	不動産鑑定士の指揮及び結果の検証並びに基本的事項の確定
			受託審査
			報告書審査
提携業者	表記記載のとおり	表記署名のとおり	基本的事項の確定を除く調査手順の全段階

図表3-18 「収益評価レポート」サンプル（株式会社タス提供）

第3章　アパートの担保評価における留意点　173

不動産評価　総合レポート

評価時点：2016年03月01日

評価額　271,900,000円

<収益価格：積算価格 = 100:0>
対象物件は収益物件であるため、収益価格をもって評価額とする。

収益価格		積算価格	
271,900,000円		148,800,000円	
運営純収益(NOI)	12,074,500円	土地価格	68,024,718円
還元利回り	4.44%	建物価格	80,768,571円

所在

物件名称	○○マンション
所在地	○○県□□市△△町1丁目1-1

対象地の概要

地番	○○番○	権利	所有権
総面積	150.00㎡	セットバック（有効面積）	- (150.00㎡)
沿線	タス線	駅名	タス駅 (341m)
徒歩分	5分	バス所要時間	-
用途地域 [2]	第1種住居地域	建蔽率 / 容積率 (%)	60/300

(1) セットバック：建築基準法42条2項道路に接している場合で、道路との境界線を後退させること。
(2) 用途地域：都市計画法の地域地区のひとつで、用途の混在を防ぐことを目的に定められている。　(c)Copyright2008 Land Information Center all rights reserved.
(3) 容積率：住宅の建築に対する規制を示す基準のひとつで、敷地面積に対する延床面積の割合のこと。
(4) 建蔽率：住宅の建築に対する規制を示す基準のひとつで、敷地面積に対する建築面積の割合のこと。

対象建物の概要

家屋番号	○○番○	構造	鉄筋コンクリート地下一階付5階建
築年月	2016年2月	延床面積	450.00㎡
単身用 [5]	80.00㎡	家族用 [6]	160.00㎡
店舗	80.00㎡	事務所	80.00㎡
駐車場	0台	エレベーター	あり

(5) 単身用：本レポートでは、「ワンルーム」、「1K」の部屋タイプを想定しています。
(6) 家族用：本レポートでは、単身用以外の部屋タイプを想定しています。

備考

【本サービスにより表示される評価額は、不動産の鑑定評価に関する法律の「鑑定評価」に該当するものではありません。
ご提供する情報には、個人情報が含まれる場合がありますので、取り扱いには十分ご留意ください。】

Copyright © TAS Corp. All rights reserved.

収益評価レポート

評価時点：2016年03月01日

収益価格　271,900,000円　　＜収益価格＝NOI ÷ 還元利回り＞

査定キャッシュフロー

	項目	金額	内訳			備考
運営収入	①テナント収入（満室想定・共益費込）	18,624,000円/年	単身用	有効面積	80.00㎡	
				賃料	4,100円/㎡	
			家族用	有効面積	160.00㎡	
				賃料	3,300円/㎡	
			店舗	有効面積	80.00㎡	
				賃料	5,000円/㎡	
			事務所	有効面積	80.00㎡	
				賃料	3,700円/㎡	
	②空室損失	1,931,300円/年	空室率想定：A		10.37%	計算式：①×N.A
	③NETテナント収入	16,692,700円/年				計算式：①－②
	④貸倒損失	0円/年	貸倒損失率想定：B		0.00%	計算式：③×B
	⑤駐車場収入	0円/年	駐車台数	0台 駐車料金	30,000円/月 駐車場稼働率 100.00%	
	⑥その他収入	0円/年				賃料・駐車場以外の収入
	⑦運営収入 計	16,692,700円/年				計算式：⑦=③－④+⑤+⑥
運営費用	⑧維持管理費	1,296,000円/年				維持管理、保安警備、清掃など経常的に要する費用
	⑨水道光熱費	648,000円/年				共用部分の水道光熱費
	⑩修繕費	243,000円/年				建物を通常の維持もしくは小規模な修繕に要する費用
	⑪PM費	500,800円/年				不動産の管理運営にかかわる経費
	⑫テナント募集費等	483,500円/年				仲介手数料や広告宣伝費、契約手続き等に要する費用
	⑬公租公課	1,365,900円/年				固定資産税および都市計画税
	⑭損害保険料	81,000円/年				火災保険料などの料金
	⑮その他費用	0円/年				支払地代、滞納占有料等などのその他費用
	⑯運営費用 計	4,618,200円/年				計算式：⑯=⑧+⑨+⑩+⑪+⑫+⑬+⑭+⑮
	⑰運営純収益（NOI）	12,074,500円/年				計算式：⑰=⑦－⑯

還元利回り

⑱還元利回り	4.44%	C.基本利回り	4.68%	D.部屋タイプ	-0.13%	
計算式：⑱=C+D+E+F+G+H+I+J+K		E.築年	-0.16%	F.総階数	0.05%	
		G.駅距離	0.00%	H.バス	0.00%	
		I.借地権	0.00%	J.用途混在	0.00%	
		K.その他　(		)	0.00%	

備考

賃貸履歴・周辺地図

評価時点：2016年03月01日

周辺賃貸履歴

番号	マンション名 所在地	賃料 ㎡単価	構造 竣工年月	最寄駅 徒歩分	専有面積 間取り	総階数・所在階 公開年月
①	□□マンション ○○県□□市△△町1丁目11-19	95,000円 3,700円/㎡	RC 2015年1月	タス 徒歩8分	25.52㎡ 1K	5階建4階部分 2015年5月
②	☆☆マンション ○○県□□市△△町6丁目2-7	94,000円 3,600円/㎡	RC 2009年10月	タス 徒歩2分	26.20㎡ 1K	7階建6階部分 2014年7月
③	※※マンション ○○県□□市△△町3丁目2-17	150,000円 3,000円/㎡	RC 2014年2月	タス 徒歩7分	49.86㎡ 2LDK	4階建2階部分 2014年2月
④	○○ビル ○○県□□市△△町5丁目11-8	379,800円 3,819円/㎡	RC 1978年8月	タス 徒歩1分	99.46㎡ 事務所店舗併用	4階建4階部分 2013年10月
⑤	▽▽ビル ○○県□□市△△町5丁目46-11	244,100円 2,936円/㎡	鉄骨造 1974年3月	タス 徒歩3分	83.09㎡ 事務所	3階建2階部分 2014年9月

※本リストは、（1）過去2年間の周辺賃貸事例から構造・築年タイプ（単身用、家族用）、竣工年月、賃貸数が類似する事例を抽出、当対象地域に近い駅で表示します。
引用元は、対象地を中心として半径400m以内となります。
先頭左番号は、周辺地図の建物に取り振られた番号に対応します。

周辺事例地図【最寄駅 タス】

● 当該マンション   ● 周辺マンション事例   ● 最寄駅

地図画像については、株式会社ゼンリンの許諾を受けております。（許諾番号：Z11LD第334号）

図表 3－19 「キャッシュフロー表」サンプル（株式会社タス提供）

キャッシュフロー表

所在
- 物件名称：○○マンション
- 所在地：○○県□□市△△町1丁目1-1

ローン想定
- 融資額：271,900,000円
- 返済方法：元利均等
- 借入期間：35年
- 金利：1.475%

築年による賃料下落率：0.00%

35年キャッシュフロー予測

期間		1年目 第1年	2年目 第2年	3年目 第3年	4年目 第4年	5年目 第5年	6年目 第6年	7年目 第7年	8年目 第8年	9年目 第9年	10年目 第10年	11年目 第11年	12年目 第12年	13年目 第13年	14年目 第14年	15年目 第15年
運営収入	テナント収入（満室想定：共益費込）	18,624,000	18,624,000	18,624,000	18,624,000	18,624,000	18,624,000	18,624,000	18,624,000	18,624,000	18,624,000	18,624,000	18,624,000	18,624,000	18,624,000	18,624,000
	空室率想定	33.04%	10.52%	11.04%	10.49%	10.37%	10.07%	10.61%	10.08%	10.59%	11.12%	10.56%	10.36%	10.41%	10.04%	9.82%
	空室損失	6,152,800	1,958,300	2,056,300	1,953,500	1,931,300	1,874,500	1,976,500	1,877,600	1,971,500	2,070,200	1,966,700	1,928,800	1,939,000	1,869,300	1,829,300
	NETテナント収入	12,471,200	16,665,700	16,567,700	16,670,500	16,692,700	16,749,500	16,647,500	16,746,400	16,652,500	16,553,800	16,657,300	16,695,200	16,685,000	16,754,700	16,794,700
	貸倒損失	0	0	0	0	0	0	0	0	0	0	0	0	0	0	0
	駐車場収入	0	0	0	0	0	0	0	0	0	0	0	0	0	0	0
	その他収入	0	0	0	0	0	0	0	0	0	0	0	0	0	0	0
	運営収入　計	12,471,200	16,665,700	16,567,700	16,670,500	16,692,700	16,749,500	16,647,500	16,746,400	16,652,500	16,553,800	16,657,300	16,695,200	16,685,000	16,754,700	16,794,700
運営費用	維持管理費	1,296,000	1,296,000	1,296,000	1,296,000	1,296,000	1,296,000	1,296,000	1,296,000	1,296,000	1,296,000	1,296,000	1,296,000	1,296,000	1,296,000	1,296,000
	水道光熱費	648,000	648,000	648,000	648,000	648,000	648,000	648,000	648,000	648,000	648,000	648,000	648,000	648,000	648,000	648,000
	修繕費	243,000	243,000	243,000	243,000	243,000	243,000	243,000	243,000	243,000	243,000	243,000	243,000	243,000	243,000	243,000
	PM費用	500,800	500,800	500,800	500,800	500,800	500,800	500,800	500,800	500,800	500,800	500,800	500,800	500,800	500,800	500,800
	テナント募集費用等	483,500	483,500	483,500	483,500	483,500	483,500	483,500	483,500	483,500	483,500	483,500	483,500	483,500	483,500	483,500
	公租公課	1,365,900	1,365,900	1,365,900	1,365,900	1,365,900	1,365,900	1,365,900	1,365,900	1,365,900	1,365,900	1,365,900	1,365,900	1,365,900	1,365,900	1,365,900
	損害保険料	81,000	81,000	81,000	81,000	81,000	81,000	81,000	81,000	81,000	81,000	81,000	81,000	81,000	81,000	81,000
	その他費用	0	0	0	0	0	0	0	0	0	0	0	0	0	0	0
	運営費用　計	4,618,200	4,618,200	4,618,200	4,618,200	4,618,200	4,618,200	4,618,200	4,618,200	4,618,200	4,618,200	4,618,200	4,618,200	4,618,200	4,618,200	4,618,200
営業純収益(NOI)/運営収入		7,853,000 37.1%	12,047,500 27.7%	11,949,500 27.9%	12,052,300 27.7%	12,074,500 27.7%	12,131,300 27.6%	12,029,300 27.7%	12,128,200 27.6%	12,034,300 27.7%	11,935,600 27.9%	12,039,100 28.5%	12,077,000 28.4%	12,066,800 28.4%	12,136,500 28.3%	12,176,500 28.2%
返済額		10,001,500	10,001,500	10,001,500	10,001,500	10,001,500	10,001,500	10,001,500	10,001,500	10,001,500	10,001,500	10,001,500	10,001,500	10,001,500	10,001,500	10,001,500
DSCR(NOI÷返済額)		75%	120%	119%	121%	121%	121%	120%	121%	120%	119%	119%	120%	119%	120%	121%
返済後収益		-2,148,500	2,046,000	1,948,000	2,050,800	2,073,000	2,129,800	2,027,800	2,126,700	2,032,800	1,934,100	1,916,100	1,954,000	1,943,800	2,013,500	2,053,500
返済後積算累計		-2,148,500	-102,500	1,845,500	3,896,300	5,969,300	8,099,100	10,126,900	12,253,600	14,286,400	16,220,500	18,136,600	20,090,600	22,034,400	24,047,900	26,101,400

総額 350,052,500 平均 117%

キャッシュフロー表

物件名称: ○○マンション
所在地: ○○県□□市△△町1丁目1-1

	16年目 第16年	17年目 第17年	18年目 第18年	19年目 第19年	20年目 第20年	21年目 第21年	22年目 第22年	23年目 第23年	24年目 第24年	25年目 第25年	26年目 第26年	27年目 第27年	28年目 第28年	29年目 第29年	30年目 第30年	31年目 第31年	32年目 第32年	33年目 第33年	34年目 第34年	35年目 第35年
	18,624,000	18,624,000	18,624,000	18,624,000	18,624,000	18,624,000	18,624,000	18,624,000	18,624,000	18,624,000	18,624,000	18,624,000	18,624,000	18,624,000	18,624,000	18,624,000	18,624,000	18,624,000	18,624,000	18,624,000
	10.31%	10.77%	11.30%	11.87%	12.46%	11.30%	11.30%	10.74%	11.27%	11.06%	11.55%	12.13%	12.73%	12.10%	12.70%	12.70%	12.70%	12.70%	12.70%	12.70%
	1,920,900	2,004,900	2,105,100	2,210,400	2,320,900	2,215,400	2,104,500	1,999,300	2,099,700	2,060,000	2,150,700	2,258,300	2,371,300	2,252,700	2,365,300	2,365,300	2,365,300	2,365,300	2,365,300	2,365,300
	16,703,100	16,619,100	16,518,900	16,413,600	16,303,100	16,408,600	16,519,500	16,624,700	16,524,300	16,563,700	16,473,300	16,365,700	16,252,700	16,371,300	16,258,700	16,258,700	16,258,700	16,258,700	16,258,700	16,258,700
	0	0	0	0	0	0	0	0	0	0	0	0	0	0	0	0	0	0	0	0
	16,703,100	16,619,100	16,518,900	16,413,600	16,303,100	16,408,600	16,519,500	16,624,700	16,524,300	16,563,700	16,473,300	16,365,700	16,252,700	16,371,300	16,258,700	16,258,700	16,258,700	16,258,700	16,258,700	16,258,700
	1,296,000	1,296,000	1,296,000	1,296,000	1,296,000	1,296,000	1,296,000	1,296,000	1,296,000	1,296,000	1,296,000	1,296,000	1,296,000	1,296,000	1,296,000	1,296,000	1,296,000	1,296,000	1,296,000	1,296,000
	648,000	648,000	648,000	648,000	648,000	648,000	648,000	648,000	648,000	648,000	648,000	648,000	648,000	648,000	648,000	648,000	648,000	648,000	648,000	648,000
	364,500	364,500	364,500	364,500	364,500	486,000	486,000	486,000	486,000	486,000	486,000	486,000	486,000	486,000	486,000	486,000	486,000	486,000	486,000	486,000
	500,800	500,800	500,800	500,800	500,800	500,800	500,800	500,800	500,800	500,800	500,800	500,800	500,800	500,800	500,800	500,800	500,800	500,800	500,800	500,800
	483,500	483,500	483,500	483,500	483,500	483,500	483,500	483,500	483,500	483,500	483,500	483,500	483,500	483,500	483,500	483,500	483,500	483,500	483,500	483,500
	1,365,900	1,365,900	1,365,900	1,365,900	1,365,900	1,365,900	1,365,900	1,365,900	1,365,900	1,365,900	1,365,900	1,365,900	1,365,900	1,365,900	1,365,900	1,365,900	1,365,900	1,365,900	1,365,900	1,365,900
	81,000	81,000	81,000	81,000	81,000	81,000	81,000	81,000	81,000	81,000	81,000	81,000	81,000	81,000	81,000	81,000	81,000	81,000	81,000	81,000
	4,739,700	4,739,700	4,739,700	4,739,700	4,739,700	4,861,200	4,861,200	4,861,200	4,861,200	4,861,200	4,861,200	4,861,200	4,861,200	4,861,200	4,861,200	4,861,200	4,861,200	4,861,200	4,861,200	4,861,200
	11,963,400	11,879,400	11,779,200	11,673,900	11,563,400	11,547,400	11,658,300	11,763,500	11,663,100	11,702,500	11,612,100	11,504,500	11,391,500	11,510,100	11,397,500	11,397,500	11,397,500	11,397,500	11,397,500	11,397,500
	28.4%	28.5%	28.7%	28.9%	29.1%	29.6%	29.4%	29.2%	29.4%	29.3%	29.5%	29.7%	29.9%	29.7%	29.9%	29.9%	29.9%	29.9%	29.9%	29.9%
	10,001,500	10,001,500	10,001,500	10,001,500	10,001,500	10,001,500	10,001,500	10,001,500	10,001,500	10,001,500	10,001,500	10,001,500	10,001,500	10,001,500	10,001,500	10,001,500	10,001,500	10,001,500	10,001,500	10,001,500
	120%	119%	118%	117%	116%	115%	116%	117%	117%	117%	116%	115%	114%	115%	114%	114%	114%	114%	114%	114%
	1,961,900	1,877,900	1,777,700	1,672,400	1,561,900	1,545,900	1,656,800	1,762,000	1,662,000	1,701,000	1,610,600	1,503,000	1,390,000	1,508,600	1,396,000	1,396,000	1,396,000	1,396,000	1,396,000	1,396,000
	28,063,300	29,941,200	31,718,900	33,391,300	34,953,200	36,499,100	38,155,900	39,917,900	41,579,900	43,280,900	44,891,500	46,394,500	47,784,500	49,293,100	50,689,100	52,085,100	53,481,100	54,877,100	56,273,100	57,669,100

参考資料

アパートローンの担保を
みるうえで必要となる知識

アパートローンの担保となるアパートの「敷地」「建物」といった物的な事項や公法上の規制についてのチェック事項を解説する。

1 敷地についての注意事項

(1) 境界確定の重要性

担保物件の処分などを考えた場合、敷地境界ははっきりと確定させておくことが重要となる。境界確定ができていない、あるいは境界に争いがある物件の場合、売却がむずかしくなることが予想されるからである。

通常の担保評価では、住宅地図と登記情報と法務局に備えつけられている公図写し、地積測量図などを用意して照合・確認することになる。アパート建物の設計図書に付設されている敷地図面も参考となるため、これも複写・保管しておくとよい。

境界そのものがはっきりしない場合は、測量なども行う専門の土地家屋調査士・測量士に依頼することとなり、その際には測量図・実測図が作成されることとなる。土地の位置と境界の確定は所有者が行うもので、隣接する土地所有者同士の立会いで行う必要があるため非常に煩雑な面がある。なお、道路等の公有地との境界確定は「官民査定」、民有地同士は「民々査定」と呼ばれており、前者は道路管理者である国・県・市町村の役所、後者は隣接地所有者立会いのもとで実施される。

(2) 土地利用を取り巻く規制（公法上の規制）の基礎知識

土地利用を取り巻く主な規制は以下のとおりであり、当然にしてこれらを遵守することが求められる。これらの法規について簡単に解説する。

図表参-1　土地利用を取り巻く公法上の規制

法　律	規制内容と事業との関連
都市計画法	・市街化区域、市街化調整区域の指定 ・開発行為の認定と開発許可 ・用途地域の指定 ・地区計画などの指定
建築基準法	・敷地と道路の関係の規制 ・容積率の指定、建ぺい率の指定 ・建物用途の規制 ・建物の仕様等の規定
農地法	・農地の売買に関する規制 ・農地の転用に関する規制
宅地造成規制法	・宅地造成を行う際における造成基準の設定
土地区画整理法	・土地区画整理を行う場合の仮換地指定 ・保留地、換地処分についての規定

a　都市計画法

　都市計画法において、市町村はその将来像を含めて都市計画を策定し、都市計画区域を設定することが規定されている。都市計画区域内においては、通常市街化区域と市街化調整区域に分けて（「線引き」と呼ばれる）市街化の進展・抑制を図りながら都市の成長を管理することになっている。市街化調整区域で新たな建物を建設する際には、開発許可の取得等の所定の手続が必要となり、手間がかかるため注意を要する。

① 用途地域

　市街化区域に指定された土地は、住居系・工業系・商業系といった12種類の用途地域の指定を受け、それぞれの地域において建築可能な建物の用途が規制されている。用途地域ごとに建築可能な建物の種類をまとめると、図表参-3のとおりとなる。

※注意したい用途地域：「工業地域」「準工業地域」「工業専用地域」

図表参-2　都市計画法と都市計画区域

都市計画区域
- 市街化区域→市街化を促進する区域
  市街化を促進することを前提とした区域で、それぞれ建築できる建物の用途の指定（用途地域の指定）を受けるとともに、建ぺい率・容積率が指定され、その範囲であれば建物の建築ができる。
- 市街化調整区域→市街化を抑制する区域
  建物の建築や開発は原則的にはできない。建築物の新築、改築および用途変更は基本的には許可制となっている。アパート建設などは通常できないが、市街地縁辺集落の専用住宅、併用住宅（事務所、店舗併用のみ）、共同住宅などとして建築ができるケースが例外的に存在する。
- 非線引都市計画区域
  市街化区域・調整区域が指定されていないケース

都市計画区域外
- 準都市計画区域
  商業施設敷地などに利用され開発が認められる区域について指定される。

　工業地域は、本来は工業系用途の建物の敷地としての利用を前提した地域であるが、住居系用途の建物の建築が可能であり、近年では工場跡地が転用され、アパートが建設されることがある。準工業地域は、工業と名がついてはいるものの、12種類の用途地域のなかでは比較的規制が緩い地域であり、工場、住宅、路線商業施設など、さまざまな用途の建物建設が可能であり、なかには路線商業地になっているケースもある。一方で、工業専用地域は工業地域や準工業地域と異なり、工業系用途以外の建物の建築ができない。

② 防火指定

　都市計画法9条20項において「防火地域又は準防火地域は、市街地におけ

図表参-3　用途地域による建築物の用途制限の概要

用途地域内の建築物の用途制限 ○建てられる用途 ×建てられない用途 ①、②、③、④、▲ 面積、階数等の制限あり。		第一種低層住居専用地域	第二種低層住居専用地域	第一種中高層住居専用地域	第二種中高層住居専用地域	第一種住居地域	第二種住居地域	準住居地域	近隣商業地域	商業地域	準工業地域	工業地域	工業専用地域	備考
住宅、共同住宅、寄宿舎、下宿		○	○	○	○	○	○	○	○	○	○	○	×	
兼用住宅で、非住宅部分の床面積が、50㎡以下かつ建築物の延べ面積の2分の1未満のもの		○	○	○	○	○	○	○	○	○	○	○	×	非住宅部分の用途制限あり。
店舗等	店舗等の床面積が150㎡以下のもの	×	①	②	③	○	○	○	○	○	○	○	④	① 日用品販売店舗、喫茶店、理髪店及び建具屋等のサービス業用店舗のみ。2階以下 ② ①に加えて、物品販売店舗、飲食店、損保代理店・銀行の支店・宅地建物取引業者等のサービス業用店舗のみ。2階以下 ③ 2階以下 ④ 物品販売店舗、飲食店を除く。
	店舗等の床面積が150㎡を超え、500㎡以下のもの	×	×	②	③	○	○	○	○	○	○	○	④	
	店舗等の床面積が500㎡を超え、1,500㎡以下のもの	×	×	×	③	○	○	○	○	○	○	○	④	
	店舗等の床面積が1,500㎡を超え、3,000㎡以下のもの	×	×	×	×	○	○	○	○	○	○	○	④	
	店舗等の床面積が3,000㎡を超え、10,000㎡以下のもの	×	×	×	×	×	×	×	○	○	○	○	④	
	店舗等の床面積が10,000㎡を超えるもの	×	×	×	×	×	×	×	○	○	○	×	×	
事務所等	事務所等の床面積が150㎡以下のもの	×	×	×	▲	○	○	○	○	○	○	○	○	▲2階以下
	事務所等の床面積が150㎡を超え、500㎡以下のもの	×	×	×	▲	○	○	○	○	○	○	○	○	
	事務所等の床面積が500㎡を超え、1,500㎡以下のもの	×	×	×	▲	○	○	○	○	○	○	○	○	
	事務所等の床面積が1,500㎡を超え、3,000㎡以下のもの	×	×	×	×	○	○	○	○	○	○	○	○	
	事務所等の床面積が3,000㎡を超えるもの	×	×	×	×	○	○	○	○	○	○	○	○	
ホテル、旅館		×	×	×	×	▲	○	○	○	○	○	×	×	▲3,000㎡以下
遊戯施設・風俗施設	ボーリング場、スケート場、水泳場、ゴルフ練習場、バッティング練習場等	×	×	×	×	▲	○	○	○	○	○	○	×	▲3,000㎡以下
	カラオケボックス等	×	×	×	×	×	▲	▲	○	○	○	▲	▲	▲10,000㎡以下
	麻雀屋、パチンコ屋、射的場、馬券・車券販売所等	×	×	×	×	×	▲	▲	○	○	○	▲	×	▲10,000㎡以下
	劇場、映画館、演芸場、観覧場	×	×	×	×	×	×	▲	○	○	○	×	×	▲客席200㎡未満
	キャバレー、ダンスホール等、個室付浴場等	×	×	×	×	×	×	×	×	○	▲	×	×	▲個室付浴場等を除く。

分類	用途	1種低層	2種低層	1種中高層	2種中高層	1種住居	2種住居	準住居	近隣商業	商業	準工業	工業	工業専用	備考
公共施設・病院・学校等	幼稚園、小学校、中学校、高等学校	○	○	○	○	○	○	○	○	○	○	×	×	
	大学、高等専門学校、専修学校等	×	×	○	○	○	○	○	○	○	○	×	×	
	図書館等	○	○	○	○	○	○	○	○	○	○	○	×	
	巡査派出所、一定規模以下の郵便局等	○	○	○	○	○	○	○	○	○	○	○	○	
	神社、寺院、教会等	○	○	○	○	○	○	○	○	○	○	○	○	
	病院	×	×	○	○	○	○	○	○	○	○	×	×	
	公衆浴場、診療所、保育所等	○	○	○	○	○	○	○	○	○	○	○	○	
	老人ホーム、身体障害者福祉ホーム等	○	○	○	○	○	○	○	○	○	○	○	×	
	老人福祉センター、児童厚生施設等	▲	▲	○	○	○	○	○	○	○	○	○	○	▲600㎡以下
	自動車教習所	×	×	×	×	○	○	▲	○	○	○	○	○	▲3,000㎡以下
工場・倉庫等	単独車庫（附属車庫を除く）	×	×	▲	▲	▲	▲	○	○	○	○	○	○	▲300㎡以下 2階以下
	建築物附属自動車車庫 ①②③については、建築物の延べ面積の1／2以下かつ備考欄に記載の制限	①	①	②	②	③	③	○	○	○	○	○	○	① 600㎡以下1階以下 ② 3,000㎡以下2階以下 ③ 2階以下 ※一団地の敷地内について別に制限あり。
	倉庫業倉庫	×	×	×	×	×	×	×	○	○	○	○	○	
	畜舎（15㎡を超えるもの）	×	×	×	×	×	×	▲	○	○	○	○	○	▲3,000㎡以下
	パン屋、米屋、豆腐屋、菓子屋、洋服店、畳屋、建具屋、自転車店等で作業場の床面積が50㎡以下	×	▲	▲	▲	○	○	○	○	○	○	○	○	原動機の制限あり。▲2階以下
	危険性や環境を悪化させるおそれが非常に少ない工場	×	×	×	×	①	①	①	②	②	○	○	○	原動機・作業内容の制限あり。作業場の床面 ① 50㎡以下 ② 150㎡以下
	危険性や環境を悪化させるおそれが少ない工場	×	×	×	×	×	×	×	②	②	○	○	○	
	危険性や環境を悪化させるおそれがやや多い工場	×	×	×	×	×	×	×	×	×	○	○	○	
	危険性が大きいか又は著しく環境を悪化させるおそれがある工場	×	×	×	×	×	×	×	×	×	×	○	○	
	自動車修理工場	×	×	×	×	①	①	②	③	③	○	○	○	作業場の床面積 ① 50㎡以下 ② 150㎡以下 ③ 300㎡以下 原動機の制限あり。
	火薬、石油類、ガスなどの危険物の貯蔵・処理の量　量が非常に少ない施設	×	×	×	①	②	○	○	○	○	○	○	○	① 1,500㎡以下 2階以下 ② 3,000㎡以下
	量が少ない施設	×	×	×	×	×	×	×	○	○	○	○	○	
	量がやや多い施設	×	×	×	×	×	×	×	×	×	○	○	○	
	量が多い施設	×	×	×	×	×	×	×	×	×	×	○	○	
	卸売市場、火葬場、と畜場、汚物処理場、ごみ焼却場等	都市計画区域内においては都市計画決定が必要												

（注）本表は、改正後の建築基準法別表第二の概要であり、すべての制限について掲載したものではない。
※東京都都市整備局HPより。

る火災の危険を防除するため定める地域」と規定されており、都市計画法および建築基準法において防火指定地域を設け、延焼防止により火災被害を最小限に食い止めるように措置をとっている。

③ 地区計画

地区計画は、ある一定のまとまりをもった「地区」を対象に、その地区の実情にあったよりきめ細かい規制を行う制度で、目標・地区の整備・開発および保全の方針を定め、住民による参加をもとに策定するものである。

④ 開発許可制度

面積が一定規模を超える土地については、都市計画法において、用途地域・容積率・建ぺい率に合致した利用が求められることに加え、開発許可の取得が必要となる。東京都の場合は、図表参-4のとおりである。

図表参-4　開発許可取得が必要な基準面積

区　　分	規　　模
市街化区域	500㎡以上
市街化調整区域	面積要件なし
非線引都市計画区域	3,000㎡以上
準都市計画区域	3,000㎡以上
都市計画区域外、準都市計画区域外	1ha以上

※東京都の場合、建築物の用に供する目的で開発行為を行う場合。

⑤ 都市計画道路との関係

都市計画道路とは、都市計画により築造される道路をいう。道路の新設のほか、拡幅といった計画が決められ、用地取得、道路工事が実施されることになっている。

ただ、都市計画道路は計画決定してから実際に事業を行うまでにかなり期間があり、道路築造を企図して設定される計画決定段階と、実際に道路事業が開始されることになる事業決定段階ではその扱いが異なるが、いずれにし

ても都市計画道路の予定にかかった場合は、建物の建設に一定の規制がかかることに注意する必要がある。

> 【計画決定段階における都市計画道路部分における建物建築についての規制】
> 　都市計画法53条の規定により、あらかじめ都道府県知事（指定都市の場合は市長）の許可を受けなければならない。ただし、次のいずれにも該当するものは原則として許可される。
> ① 階数が2以下であること
> ② 地階を有しないこと
> ③ 主要構造部（壁、柱、はり、床、屋根、階段）が木造、鉄骨造、コンクリートブロック造、その他これらに類する構造であること
>
> 【事業決定段階における規制】
> 　道路事業が決定されると、道路の築造工事のための収用や立退き交渉が行われることになり、新たに建物を建築することができない。

b　建築基準法

アパートを建設する場合において、具体的な規制が建築基準法には記載されている。担保不動産としてみる場合の留意点は以下のとおりとなる。

① 道路と敷地の関係

道路と敷地の関係は建築基準法において特に重要なポイントである。建築基準法43条において、都市計画区域内において建物を建設する場合には、「①建築基準法上に規定する道路」に敷地が「②2m以上」接面する必要がある。

（ⅰ）建築基準法に規定する道路

建築基準法42条では幅員4m以上（一部地域においては6m以上を要求される等厳しい制限がかけられていることもある）を有する図表参-5のものを道

路として認定している。

図表参-5　建築基準法が認定する道路（これらのうち幅員4m以上有するもの）

条　文	内　　容	一般的な名称
1号道路	道路法にいう道路	国道、県道、市町村道
2号道路	都市計画法、土地区画整理法、都市再開発法等の法律に基づいてつくられた道路	区画街路と呼ばれている
3号道路	建築基準法施行時または都市計画区域編入時に既にあつた道で現に一般通行の用に供しているもの	（建築基準）法以前道路、既存道路
4号道路	都市計画道路等で2年以内に事業が執行される予定あるものとして特定行政庁が指定したもの	計画道路
5号道路	道路の位置の指定を受けたもの	位置指定道路

(ⅱ)　建築基準法42条2項道路

　幅員が4mに満たない場合でも、幅員が1.8m以上あるもののなかで、特定行政庁の指定したものについては、その中心線からの水平距離2mの線をその道路の境界線とみなすと規定し、幅員が不足する場合については道路中心線から2m後退（セットバック）した位置を道路との境界とみなして建物建築を可能としている。

　セットバック部分については建ぺい率・容積率の計算上敷地面積とならないため、建築可能な建物の大きさが減ってしまうことになるので注意する。

　角地や二方路地といった複数の道路に接面している土地の場合、いずれかの街路が建築基準法上の道路に面していれば建物の建築は可能となる。ただし建築基準法42条2項道路が接面街路に存在する場合は、セットバックが必要となる。

(ⅲ)　例外措置としての建築基準法43条但書

　建築基準法では、これらに認定されていないものは同法に定める道路とし

てとらえず、建物建築が認められる道路ではないと考えている。もっとも、これらに該当しないながらも、一定の基準をクリアした場合に限り、建物の建築が認められることがある。これが建築基準法43条但書規定といわれるもので、「その敷地の周囲に広い空地を有する建築物その他の国土交通省令で定める基準に適合する建築物で、特定行政庁が交通上、安全上、防火上及び衛生上支障がないと認めて建築審査会の同意を得て許可したものについては、この限りでない」との記載がある。ただ、この認定基準は厳しいため、この但書が適用されるかどうかは行政に確認する必要がある。

(iv) 2ｍ以上接面するということ

建築基準法上の道路に2ｍ以上接面することが建物敷地としての利用の大前提となる。ただし路地状部分がある場合は図表参－6の点に注意する。

図表参－6　路地状部分の注意事項

路地状部分の存在	敷地に2ｍ以上接面するということは、街路に接する部分のみが2ｍあればよいということではく、有効宅地部分といわれる、路地状部分を超えた建物の敷地までの路地の幅が全区間で2ｍ以上必要となる。接面部分が2ｍ、途中の通路状の区間が1.8ｍという幅の場合、建物の建築が不可となるので要注意である。
路地状部分自体の長さ	路地状部分の長さであるが、特定建築物といわれるホテル等の多くの人の出入りを想定する建物やアパートなどの場合、都道府県の安全条例などで、この長さが20ｍまでは建築可能としながら、それを超過する場合は建築不可と決めているケースもある。このため、長い路地の場合は、建物の建築が可能かどうか確認する必要がある。

② 建ぺい率

建ぺい率とは、敷地面積に対する建築面積の割合のことを指す。建築面積とは建物の敷地として利用されている部分の面積をいうが、用途地域が指定されると同時に、使用可能な建ぺい率・容積率が指定される。

建ぺい率は角地の場合、指定のものより10％加算されるほか、第1種住居

地域、第2種住居地域、準住居地域、近隣商業地域、準工業地域、商業地域などの建ぺい率の上限が80％とされている地域において、防火地域内に耐火建築物を建てる場合には、建ぺい率の制限がなくなり、用途地域が、商業地域における耐火建築物の場合100％まで使用可能で、敷地いっぱい建物を建てることができる。

③ 容積率

容積率とは、敷地面積に対する建物延べ面積（延べ床）の割合のことをいう。建物の実際の延床面積のうち容積率に算入されない部分もあるため、厳密には容積率参入延床面積が基準となる。

なお、前面道路の幅員などで制限がかかるケースがあり、これをまとめると次のものがあげられる。

（i）道路の幅員による規制

敷地の前面道路が幅員12m未満の場合、図表参－7の規制を受ける。

これを反映させた容積率を「基準容積率」と呼ぶことがある。

（ii）日影規制

中高層建築物が増加することで日照権が問題となり導入された制度で、日照権が問題になりにくい商業地域、工業地域、工業専用地域においては適用がないが住居系用途の場合は制限がある。アパートは住居系用途の用途地域に建設されることが多いので注意したい。

図表参－7　道路幅員による容積率規制

住居系用途の用途地域の場合	指定容積率と前面道路幅員×40％のうちのいずれか小さいほうの容積率に制約される。
住居系用途以外の用途地域の場合	指定容積率と前面道路幅員×60％のうちのいずれか小さいほうの容積率に制約される。

(ⅲ) 絶対高さ制限

第1種低層住居専用地域、第2種低層住居専用地域については住環境と日照権の確保の観点から10mまたは12mの高さ制限があり、実質的に容積率が規制されることがある。

④ 斜線制限

道路斜線、隣地斜線、北側斜線の3つの制限があり、それぞれで高さの制限を受けるため、容積率に制約を与えることがある。

用途地域ごとに指定された建ぺい率や指定容積率はあるものの、道路幅員による制約などの規制を受けることもあり、現実に使用可能な容積が正確に把握できないことがある。

c 農地法

アパートローンの場合、農家による土地の有効活用も考えられる。ただ、対象不動産が現況あるいは登記地目上で農地（「田」「畑」）である場合においては農地法との関係から注意をする必要がある（図表参-8、参-9参照）。

一般に、金融機関職員がいままで農地とかかわる側面があるとすると、通

図表参-8 農地法による転用規制

□市街化区域以外の農地の転用
■第4条許可：農地を農地以外のものとする場合 ■第5条許可：農地を農地以外のものにするため所有権等の権利設定又は移転を行う場合 　　　　　　↓ 都道府県知事の許可※（都道府県においては、農地転用許可事務等を市町村に委譲している場合がある） 農林水産大臣の許可（4haを超える場合）
□市街化区域内農地の転用
農業委員会への届出制となっている。

※都道府県が学校、社会福祉施設、病院、庁舎または宿舎の用に供するために転用する場合には、許可権者と協議を行い、協議が調った場合には許可を受けたものとみなす。

図表参-9　農地法との関係におけるチェックポイント

市街化区域の場合	農地転用届出が出されているか（受理通知があるか）をチェックする。
市街化区域以外の場合	現状のチェック：農地としての利用があるか※ ↓ 登記上の地目のチェック：「田」または「畑」であるか ↓ 農業委員会でのチェック ① 農業振興区域内かどうか ② 農用地指定はあるか ③ 農地区分はどうか

※なお、農地として利用されていない場合でも、登記上の地目が「田」「畑」である場合については農用地指定を確認する必要がある。

常は市街化区域内の農地を転用前提に貸出を行うケースにとどまるものと考えられるが、この市街化区域内に所在する場合は、農地転用届を市町村の農業委員会に届け出ることで転用が可能となる。一方で、市街化調整区域の場合、転用許可をとるのが容易ではないと考えるべきで、特に農用地指定を受けている農地改良を行った土地は、整備に多額のコストがかかっていることもあって、安易な転用前提を想定することは避けなければならないだろう。

　農地かどうかの判断は、現地が農地として利用されているかどうか、登記情報上の地目が「田」「畑」であるかどうかをチェックすることがまず一義的なものとなる。また市町村役場内にある農業委員会に照会し、農用地指定を受けた土地であるかを調べる必要もある。

d　土地区画整理法

　土地区画整理事業とは、街路の形状や幅員が狭い、また公園などの公共施設の整備が十分に行われていない地域において行われるものである。これらは、土地区画整理法により行われ、宅地の改良を行いよりよい形状となった土地に移転をする「換地」と事業資金を捻出するために地権者が一部の土地

を供出する「減歩」という手法を用いて事業が遂行されるほか、「保留地」と呼ばれる土地を用意し、これを第三者に売却することで、事業資金を充足させることになっている。

　土地区画整理事業は通常長期にわたるもので、短い事業でも5年程度、長い事業であれば20年近くかかることもあるため、事業の途中で利用可能な宅地が整備された段階で、「仮換地」という、将来的に権利関係が移転する場所において、地権者が土地の利用を行うことができるようにする仕組みが活用されている。

　土地区画整理施行区域に指定されても、売買そのものの制約は特段ないが、権利関係は従前地に残ったままとなり、仮換地の使用収益開始日より仮換地上での土地利用が可能となるため、この指定土地の公法上の規制を受けることになる。

① 物件の特定における注意点

　土地区画整理事業において仮換地指定がなされると、この位置において使用収益が開始され、将来的にはこの場所に換地処分がなされ、土地等の登記が移ることになる。したがって、指定前の従前地に権利関係は残るものの、不動産としての特定や実際の担保評価については仮換地をもとに行うことになるが、この位置を示す、仮換地指定通知書、仮換地位置図については、施行者から土地の所有者にのみ渡されるものであり、担保取得する際は、土地・建物の登記情報に加え、これらを所有者からもらい、位置などの特定を行う必要がある。

② 区画街路

　区画街路は換地処分前までは、市道や県道等の認定を受けないが、建築基準法上の道路に認定されるため、建物の建築が可能になるのが一般的である。ただし、事業の進展により、舗装時期が異なることがあるなど、道路の通行等に制約がある可能性も否定できないため、市町村の建築指導課等で確認する必要がある。

③　清算金の有無

　土地区画整理事業については、できる限り換地処分時の土地の価値を従前地の価値とあわせるように設定するが、同一にするのはむずかしい側面があり、この場合は清算金の授受、もしくは徴収というかたちがとられることになる。担保物件でこの清算金があるかどうか留意する必要がある。

④　長期化する傾向がある土地区画整理事業

　現在の全国的な土地区画整理事業をみると、仮換地指定による使用収益開始決定は比較的予定どおり行われていても、換地処分の完了までとなると、当初計画よりも大幅に遅れるのが一般化している。このため、街路の舗装や上下水道等のインフラ整備にも遅れが生ずる可能性もあり、これが不動産価格に影響を与えることも考えられる。道路の整備状況や下水道やガスの供給状況については、これらを管轄する箇所できちんと確認しておく必要がある。

(3)　土地についての環境面、自然災害、埋設物等における注意点

a　土壌汚染の有無についての確認

　土地については、環境面からいくつか注意しておかなければいけない点が存在する。その第一に土壌汚染がないかどうかをチェックすることがあげられる。たとえば、過去に工場の敷地としての利用等で有害物質を使用した生産工程等が存在した場合、なんらかの土壌汚染が発生するケースが多いものと考えられる。このためアパートなどに使われる土地の、過去の利用について調査を行い、土壌汚染が発生しないかどうか、十分に注意する必要がある。一般に土壌汚染調査を依頼すると、図表参−10のとおり段階別での調査が行われている。

図表参-10　土壌汚染の段階別調査内容

Phase1 地歴および現状調査	土地の過去の利用状況を、過去の図面や役所や所有者等への聞き取り調査を行うことで実施し、また現地調査を行い利用状況をみて汚染可能性がないか調査する。
Phase2 サンプリング調査	対象地土壌の一部（特に汚染可能性があると考えられる箇所を中心に）を採取し、採取調査する。
Phase3 より広範囲な調査 および対策計画の策定	対象地全体、あるいは汚染可能性が高い箇所についてポイントを策定した調査（メッシュ調査ともいう）を行い、具体的な物質に基づいて対策計画を策定する。

b　高圧線の存在

　環境面では高圧線の存在も考えるべきである。アパートが住居系用途の建物であるという性格を勘案すると、敷地上あるいは付近に高圧線が通っている場合、通常土地の価値が下がるばかりではなく、入居者募集においても大きな影響が出ることが想定される。対象地上を高圧線が通過する場合は、土地の登記情報をみると地役権が設定されているケースが多い。地役権は当然にしてこの利用箇所が存在し「要役地」と呼ばれているが、登記情報にこの場所と利用内容が記載されている。

c　自然災害発生の可能性への注意点

　災害発生は突然で、かつ過去の経験則すら超えるものが多くなっており、ある意味対策をしきれない面がある。ただ、発生可能性の予測研究は常に行われてきており、市町村あるいは都道府県では「ハザードマップ」（あるいはこれに類するもの）を用意しているところが多くなっている。

【自然災害として考えられるもの】
■河川の氾濫による水害

> ■土砂崩落(がけ崩れ)の可能性
> ■地震時における土地の液状化の可能性
> ■津波発生の可能性

　「ハザードマップ」では、河川氾濫による水害・土砂崩落可能性のある地域・津波発生における予測高といったものを提示している。これらを参考とするのが1つの方法となる。最近では液状化の可能性を示したものもあり参考となる。

d　文化財保護の観点からの注意点

　土地利用は、文化財保護法の規制を受けることになり、「周知の埋蔵物文化財包蔵地」として指定を受けている場合には、試掘調査などが必要になり、場合によっては遺跡発掘の本調査を行うことになる。行政指導の流れは図表参-11のとおりである。

　通常市町村の教育委員会に属する文化財課あるいは生涯学習課等において、地図などの位置を特定する資料を提示することで調査することができる。旧来からの市街地の場合には、城跡などの包蔵地指定を受けているケースも多いが、現実には指定地でも建物の敷地として利用しているケースも多く、きちんと調べて対処ができれば土地利用そのものを大きく阻害するものではないケースも多いので、一概に「包蔵地=建物の建設ができない」と短絡的に考えるべきものとはいえない。

図表参-11　試掘調査とその後の取扱い

行政機関による試掘調査の実施
　建物の敷地として利用されていない箇所において、試掘調査を行うもので、これにより出土可能性を調べる。

試掘調査で特段の出土品がない場合
　工事において注意をしながら土壌掘削を行う旨の指導を受け、出土品があった場合にはすみやかに届けることになる。

試掘調査で出土可能性がある場合
　発掘調査（本調査）が実施される。費用については土地所有者が負担するケースが出てくるので注意を要する。また、期間的なものについても規模や出土状況によって異なるので、費用見積りとともに、役所の窓口で確認されたい。

2　建物についての注意事項

　アパートローンは建物の建築資金に出されるのが通常である。建物については、当然にして建築基準法等の法律にのっとって建てられたものでなければならない。また近年では建物の耐震性能が重視されており、建設会社によっては、免震構造の建物を用意するところも出てくるなど、アパートとはいえ大きな変化がみられる。担保として建物をみるうえでの主な注意事項は次のとおりである。

(1)　建築の合法性の確認

　金融機関としては、違法建築物に対して融資を行うわけにはいかない。そのため、まず建物について、

> ①　建築確認通知を取得しているものであるか
> ②　検査済証を取得しているものか（工事完了検査を受けているものか）

を確認し、合法性面でのチェックを行うことが第一に必要となる。
　建築確認は、建物の設計段階で合法性を判断し問題がない場合に受けるものである。実際に工事が完了し建物の使用開始（アパートの場合は居住開始）前に、法規上問題なく完成していれば、中間検査、工事完了検査を受け、検査済証を取得することになる。これらの書類は行政機関の建築主事が発行していたが、現在では民間の検査機関でも発行可能となっており、この検査機関による建築確認が主に利用されている。
　これらの書類について建築主となるオーナーに対し複写物の徴求を行うこ

とが必要となる。これらの内容に差異がないかを確認するためには、管轄行政庁（市町村や都道府県における建築指導関連の部署が多い）において照合することが大半の地域ででき、必要があれば役所にある台帳の「記載事項証明書」を取得することも可能である。

気をつけたいのは、建築確認を取得していながら、取得した図面とは異なるものを建築しているケースである。この場合は当然にして完了検査を受けることはできない。このような場合、なんらかの違法箇所が存在することが多いので十分に注意する必要がある。

【気をつけたい違法建築例】
■設計時には駐車場としておき店舗・事務所や住居に変更するケース
　建物内に駐車場を付設する場合、駐車場部分の床面積について一定基準で容積参入床面積計算が緩和されることから、1階や地下に駐車場を設計しておき確認を取得、その後建築時は店舗等とするケースである。これは違法となるので注意したい。

(2) 建物の耐震性能

現在の建物の耐震性能は、昭和56年6月に改正された建築基準法による耐震基準（新耐震基準と呼ばれる）をもとに設計することになっている。これより以前に建築確認を取得した建物（旧耐震基準による建物）は、現行における基準の建物に比べ耐震性能が低いといわれている。旧耐震基準による建物については、耐震診断や耐震補強の必要性に注意したい。

(3) 建物の環境性能

建物が入居者等に及ぼす健康被害の可能性として、アスベストによるじん

肺被害およびシックハウス症候群の可能性への注意と、環境への貢献を目指す「サステナブル建築」への対応への注意を述べる。

　特に、アスベスト（石綿）によるじん肺被害の可能性に注意したい。平成18年9月の労働安全衛生法施行令改正施行後は、アスベスト含有が重量の0.1%を超えるものの製造・輸入・譲渡・提供・使用が禁止された（アスベスト全面禁止といってよいだろう）が、それ以前のものについてはアスベストのリスクの可能性があることに注意したい。なお、将来のコストに関しても、アスベストを含む建物の解体工事費は、通常の解体工事費の倍になることもあるので注意したい。

　さらに、シックハウス症候群対策として、ホルムアルデヒドを放散する建材等の使用に注意したい。

　最近話題になっている、環境への貢献を目指す「サステナブル建築」（設計・施工・運用の各段階を通じ持続可能性に配慮した建築）の採用については、社会的意義は認めるものの、アパート事業の収支にどのような影響があるか不明である。現時点では、採用する際の追加コストと賃料への反映等リターンが見合っているかの実証が不十分であり、コスト超過になる可能性があることに注意したい。

加筆・校閲にあたって

　金融行政当局はアパートローンに対して監視と警戒を強めています。
　最近のアパートローンに関する報道です。
　「日銀が2月9日発表した貸出先別貸出金によると、2016年の金融機関による不動産融資は前年を15.2％上回る12兆2806億円だった。統計を遡れる1977年以来で過去最高だ。……節税を目指したアパートの過剰建設などひずみも広がる金融庁や日銀は少し警戒のレベルを引き下げている。（平成29年2月10日付日本経済新聞より）」
　「……アパートローン。貸家着工戸数は16年に前年比10.5％増の42万戸弱と5年連続で増えた。節税目的の地主を巻き込んで全国的に「ミニバブル」の様相を呈しており、日銀と金融庁は警戒を強めている。……（平成29年2月14日付日本経済新聞より）」
　アパートローンは、住宅ローンと同じく、①個人向けローンであり、②不動産担保ローンですが、本書では、これらに加えて③事業性ローンであるという観点に重点を置いてそのリスク管理について説明しています。すなわち、アパートローンを住宅ローンの延長としてとらえるだけではなく、融資期限までに事業収益で回収可能か、万一の場合には資金使途物件＝担保物件を処分（収益物件として売却等）して回収できるかを、融資実行時およびモニタリング時に確認することの重要性を説き、その方策を説明しています。不動産賃貸事業の事業性ローンなので、「融資目的・資金使途不動産」＝「担保不動産」てあり、「事業の審査・モニタリング」≒「担保評価（収益価格等）の査定・モニタリング」になります。
　アパートローンは、旧来は土地所有者の富裕層が行う土地有効活用や相続税対策のための不動産賃貸事業に対応して、建築関連資金を融資するというものがほとんどでしたが、昨今は企業の役職員等が行う投資目的の土地建物取得に対応して、土地建物取得関連資金を融資するというものも出てきてい

ます。住宅ローンよりも利鞘が大きいため金融機関間の貸出競争も激しくなっています。量が増えると質にバラつきも出てくるため、よいものを選別する眼力が金融機関に求められます。不動産賃貸事業の事業性ローンに対する「原理原則」に従った審査・モニタリングが必要になります。これを短期間・低コストで実施するためのヒントを本書で提案することもできたと思います。

　共著者の小野兵太郎先生は、平成28年10月に急逝されました。

　本書は、小野先生が7～8割方著作していたものをベースに、小野先生の残された構想・構成や文章をできるだけ多く生かして、私の理解・考えの範囲で加筆・校閲しました。そして、小野先生の意向どおりに小野先生と親交のあった弁護士の香月裕爾先生にサブリース方式等の法的側面について執筆のご協力をいただいて、完成させたものです。

　本書執筆を小野先生から引き継ぎ完成させる話を出版社から頂戴したときに、私の加筆・校閲が、私の理解・考えの範囲内で行われるため、小野先生の意に及ばないところが生じることを心配しましたが、同じ銀行で仕事をした不動産鑑定士仲間なので、基本的な考え方は共有できていると思い、ご容赦いただけるだろうと、微力を注ぐことにいたしました。

　本書が小野先生の意に沿った遺稿になるとよいのですが……。

　小野兵太郎先生のご冥福を祈り

合掌。

野口　咲也

アパートローンのリスク管理

2017年9月7日　第1刷発行

著　者　小　野　兵太郎
　　　　香　月　裕　爾
　　　　野　口　咲　也
発行者　小　田　　　徹
印刷所　三松堂印刷株式会社

〒160-8520　東京都新宿区南元町19
発　行　所　一般社団法人 金融財政事情研究会
企画・制作・販売　株式会社きんざい
　　出　版　部　TEL 03(3355)2251　FAX 03(3357)7416
　　販売受付　TEL 03(3358)2891　FAX 03(3358)0037
　　　　　　　URL http://www.kinzai.jp/

・本書の内容の一部あるいは全部を無断で複写・複製・転訳載すること、および磁気または光記録媒体、コンピュータネットワーク上等へ入力することは、法律で認められた場合を除き、著作者および出版社の権利の侵害となります。
・落丁・乱丁本はお取替えいたします。定価はカバーに表示してあります。

ISBN978-4-322-13202-1